没伞的孩子必须努力奔跑

张文凡 著

九州出版社
JIUZHOUPRESS

图书在版编目（CIP）数据

没伞的孩子必须努力奔跑 / 张文凡著. -- 北京：九州出版社, 2018.9

ISBN 978-7-5108-7488-8

Ⅰ. ①没… Ⅱ. ①张… Ⅲ. ①成功心理—青少年读物 Ⅳ. ①B848.4-49

中国版本图书馆CIP数据核字(2018)第216223号

没伞的孩子必须努力奔跑

作　　者	张文凡　著
出版发行	九州出版社
地　　址	北京市西城区阜外大街甲35号（100037）
发行电话	（010）68992190/3/5/6
网　　址	www.jiuzhoupress.com
电子信箱	jiuzhou@jiuzhoupress.com
印　　刷	三河市宏顺兴印刷有限公司
开　　本	880毫米×1230毫米　　32开
印　　张	8
字　　数	160千字
版　　次	2019年6月第1版
印　　次	2019年6月第1次印刷
书　　号	ISBN 978-7-5108-7488-8
定　　价	39.80元

PREFACE

前言

正是我们无法选择的出身，决定了我们人生的起跑线在哪里，也决定了我们前半生是一路风景还是一路风尘，但它却未必能决定我们的最终归宿。你或许没有显赫的家世，与那些生来条件优越的人相比，你可能在很多方面都自叹弗如，一旦遭遇“下雨的天气”，你甚至连一把能够遮风避雨的“伞”都没有，为此你必须努力奔跑、再努力奔跑，或许你跑得比别人更狼狈，跑得比别人更辛苦，但同时你也可能跑得比别人更快，只有这样，你才能拥有超越别人的机会和可能，才能更快地到达目的地，才能找到一片完全属于自己的晴朗的蓝天。

不错，没伞的孩子必须努力奔跑！

其实我们中的绝大多数人都属于那种没“伞”的孩子，我们必须努力奔跑才能摆脱泥泞、摆脱苦难，摆脱对自己不利的环境，必须完全依靠自己的力量，创造属于自己的未来。

或许你现在的每一天都过得很平凡、很艰难，但是这并没有什么，你可以选择奋斗、选择拼搏、选择超越，向着不平凡而努力奔跑。

但遗憾的是，这个世界上，有许多人一旦“路遇大雨”，要么自暴自弃，要么抱怨“运气”。可是，如果可以回头看看，你会发现在你身后有很多人比你“运气更糟”——也许他们除了没有“伞”，可能还坐着轮椅——但是他们却从未停止过“奔跑”。

威尔逊先生就是这样一个没“伞”的孩子。可是经过多年的奋斗，他从一个普普通通的事务所小职员，做到了一位成功的企业家，拥有了自己的公司和品牌。

一天，他从办公室走出来，刚走到街上，就听到身后传来“嗒嗒嗒”的声音，那是盲人用竹竿敲打地面发出的声响。那盲人感觉到前面有人，连忙说道：“尊敬的先生，您一定发现我是一个可怜的盲人，能不能请您施舍一点爱心呢？”

威尔逊先生叹了口气，把手伸进西装口袋，掏出一张钞票递给了盲人。盲人用手摸了一下那张钞票，竟然是一百美元！他用颤抖的手反复摸着这张钱，嘴里连连感激着：“您是我见过的最慷慨的先生！仁慈的富人啊，我为你祈祷！上帝保佑你！”

威尔逊先生笑了笑，正准备离开，盲人拉住他，又喋喋不休地说：“您不知道，我并不是一生下来就瞎的，都是23年前布尔顿的那次事故造成的！太可怕了！”盲人想用自己的遭遇打动对方，争取多得到一些钱。他越说越激动：“您不知道当时的情况，火一下子冒了出来！仿佛是从地狱里冒出来的！逃命的人群都挤在一起，我好不容易冲到门口，可一个大个子在我身后大喊：‘让我先出去！我还年轻，我不想死！’他把我推倒了，踩着我的身体跑了出去！我失去了知觉，等我醒来就变成了瞎子，命运真不公平呀！”

威尔逊先生冷冷地说：“事实恐怕不是这样吧？你说反了。”

盲人一惊，用空洞的眼睛呆呆地望着威尔逊先生。威尔逊先生一字一句地说：“我当时也是布尔顿化工厂的一名工人。是你从我身体上踏过去的！你长的比我高大，你说的那句话我永远都忘不了！”

盲人站了好长时间，突然一把抓住威尔逊先生，发出一阵大笑：“这就是命运啊！不公平的命运！你在里面，现在出人头地了；而我跑了出去，却成了一个没用的瞎子！”

威尔逊先生用力推开盲人的手，将手中一根精致的手杖在地上顿了一顿，平静地说：“你知道么？我也是一个瞎子。你相信命运，可是我不相信！”

其实，这就是跑与不跑的差别！奔跑，不单是一种能力，更是一种态度，决定你人生高度的态度。虽然我们不敢对结果下绝对的判断，但是这两种态度却告诉我们一个很明白的道理，跑还有希望，不跑就只剩下失望。

事实上，这个世界，从来都不会亏欠真正努力的人。你今天得到的生活和成就，就是你昨天努力的结果；你明天想要的生活和成就，今天的努力和进取就是决定因素。运气好或不好，都只是不肯努力的人寻找的借口罢了。

很多时候，我们愿意相信命运，相信捉摸不定的运气，其实说穿了，只是表示我们不能控制自己的生命罢了。很多人不相信一切能操之在我，害怕自己一旦因此而失败了，就找不到借口来推脱责任，于是，相信运气，归咎于命运，但我们越是一味地相信运气会从天而降，那么，就越会不断地拒绝身边的各种机会，不愿接受各种磨练和考验，最后当然没有人愿意再给我们任何机会。

任何时候运气都不会从天而降。好运，一定是你用心付出，努力前进所灌溉出来的果实；坏运，也往往是你努力不够、好高骛远的结局。有时你以为某人成功得很侥幸，但他为成功付出的代价又岂是你能体会的?

所以，抛开那些所谓的背景、出身、血统以及环境、财富、资历等等借口吧，不要让它们蒙蔽了你发现、利用机遇的眼睛，阻碍了你发现、利用机遇的可能。只要你心中有梦想，有追求，就听从心灵的召唤一路狂奔吧，最终你一定会走出阴霾，走向辉煌。

CONTENT

目录

5 那些被人羡慕的生活背后，都有一般人熬不了的苦

——你的美好，要靠自己成全

6 人生没有白走的路，你走过的每一步都算数

——奋斗的意义就藏在奋斗的过程中

7 做正确的事，比想正确地做事更重要
——在前行中不断修正人生坐标

8 现在所吃的苦，终将照亮你未来人生的路
——扛住了，世界就是你的

1

一心向着梦想奔跑，全世界都会给你让路

——心有多大，舞台就有多大

你若渴望，无人能阻挡！

在这个世界上，每一种生物的生命，都潜伏着改变现实环境的力量，即便它看起来有多么微不足道。

在一个向阳的山坡上，生长着一棵苹果树。

苹果树上结了很多苹果，有一天，飞来一只灰喜鹊，吃了一个苹果，苹果的种子被灰喜鹊吃在肚子里了，它被灰喜鹊带到了很远的地方，最后这一粒苹果的种子被抛落在一个荒凉的山坡。这里土壤贫瘠，四周没有一棵树，不过，这粒种子并没有绝望，它心中的梦想是将来子孙成群，拥有一片自己繁衍出来的苹果园。

一阵寒风吹来，苹果种子感到非常冷，它就努力地往泥土里挤一挤，把自己孤独的身体藏在泥土中。下雪了，雪融化之后又变成了冰，这一粒苹果种子被牢牢地冻在了坚硬的土壤里，但是它没有绝望，心里仍然藏着硕果满枝的梦想。

春天来了的时候，这粒种子感到身上的泥土变得暖洋洋的了，她努力地伸着自己被固定的壳里的胚芽，它不停地伸啊，伸啊，终于有一天，它感到自己眼前一亮，原来，它已经冲破了果壳的束缚，把头探出了地面。它知道自己已经从一粒埋在土里的种子变成了一株幼芽。

这株幼芽在山坡上，不知道经过了多少次牛羊的践踏。几年过去了，这个幼芽终于长成了苹果树，但是这并不是它全部的梦想，只是梦想的一部分。秋天的时候，果实结在枝头上，它用尽了全部的力气，将果实摇落在地上，期待着它们将来也像自己一样，从一粒种子变成一棵树。

又不知过去了多少年，这粒种子已经变成了苍老的苹果树，它的子孙已经长满了整个一条山谷。

有一年的春天，一个旅行者来到这里，他被眼前的景色惊呆了，原来在这人迹罕至的地方，竟然开满了芳香的苹果花。后来，他给这条山谷起了一个美丽的名字：叫“苹果山谷”。

一粒苹果种子都可以装点整个山谷，何况万物之灵的人类，前提是你要有对成功的渴望。其实，一个人的成功，很多时候并不取决于他是否美丽，是否富有，是否聪慧，而是取决于一种人生态度。不管你的身份是怎样的卑微，不管你面对的环境是怎样的恶劣，只要心里怀着一个远大的梦想，并坚持不懈地朝着这个方向努力，总有一天，理想的种子会冲破一切不利条件的制约，长成参天大树。

斯图尔特·米尔也曾说：“一个有信念的人，所发出来的力量，不亚于99位仅心存兴趣的人。”这也就是为何有梦想之人能开启卓越之门的缘故。实际上，没有任何一项伟大的事业不是因为对梦想有着坚定信念而成功的。当我们真正认知到我们的梦想有如此巨大的影响力时，我们也就握住了成功的钥匙。虽然我们不能轻易地改变我们的基因蓝图密码，但我们可以改变我们的想法。只要你相信自己足够优秀，并对未来充满信心，便能获得逆袭人生的力量。

“想飞上天，和太阳肩并肩，世界等着我去改变，想做的梦，从不怕别人看见，在这里我都能实现。大声欢笑让你我肩并肩，何处不能欢乐无限，抛开烦恼，勇敢地大步向前，我就站在舞台中间。我相信我就是我，我相信明天……”这首《我相信》，怕是现在不会有人没听过吧，怕是这段话也变成了只能唱出来而不能念出来的文字吧。而它的魔力，并不仅仅在于动听的旋律，更在于其积极向上、让人心潮澎湃的歌词。

其实，每个人的人生都是一个追逐梦想的过程。如果你一开始就把自己当成不起眼的小角色，那么你所扮演的小角色很有可能就是你自己现实生活的真实写照。从来没有期望过自己能做出什么了不起的事来，又怎么能够真的做出什么了不起的事来？这是实情，而且这是严重的事实——我们不敢去梦想。然而，很多时候，决定我们人生舞台大小的，恰恰是我们的心，而从来不是什么其他的东西。有梦想才会有未来！

世上的任何成就，都是由坚信自我的意志迸发的巨大潜能所带来的。任何事物，假使你想能够，就能够，假使你想不能够，就不能够。梦想决定方向，角度决定高度，心有多高，生命就有多高，生命的价值总是依托心灵去定义的。一个人若是对自己不以为然，甘愿承认自我的平庸和渺小，那么他便会就此平庸一生，成为沧海一粟；如果他坚信自己潜力巨大，那么他便会循着心灵的方向，逐渐打开生命潜能的闸门，不断提升自己的人生高度和生命价值。

也许，现在你的梦想正被现实踩进泥土中，也许，“自我限制信念”常常会自己跑出来阻挠你。它们让你裹足不前，会生发出个人成功的两个最大敌人——怀疑和恐惧。它们让你瘫痪无力，它们会导致你不敢承担心智上的风险，在释放自己潜能所必须承担的风险面前畏缩不前。

但是，请想想那棵苹果树。对梦想的积极的信念，是一切奇迹的萌发点。只要种子还在，就有发芽破土、长大成材的机会。而我们所要做的就是：呵护好我们的种子，照料好它，直至其长大、开花、结果。因此，你必须对自己抱有的自我限制信念不断发起挑战，你必须摒弃关于自己“能力有限”的任何想法和意念，你必须接受这样一个基本信念：你是个“能力无限”的人，别人能做到的，你同样也能做到。

记住印度圣雄甘地这句话：信念左右想法，想法左右话语，话语左右行动，行动左右习惯，习惯左右价值观，价值观左右命运。那么，就让我们从今天开始，忠于自己内心的驱动，向着无限的未来，一路披荆斩棘。

一心朝着自己梦想前进的人，整个世界都会为你让路。

人生没有设计，你离挨饿只有三天

成功的人生一定是经过了设计的结果。

某一年，一群意气风发的天之骄子从美国哈佛大学毕业了，他们在智力、学历、环境条件上都相差无几。临出校门前，哈佛对他们进行了一次关于人生目标的调查。结果是这样的：27%的人，没有目标；60%的人，目标模糊；10%的人，有清晰但比较短期的目标；3%的人，有清晰而长远的目标。

25年后，哈佛再次对这群学生进行了跟踪调查。结果又是这样的：3%的人，25年间他们朝着一个方向不懈努力，几乎都成为社会各界的成功人士，其中不乏行业领袖、社会精英；10%的人，他们的短期目标不断地实现，成为各个领域中的专业人士，大都生活在社会的中上层；60%的人，他们安稳地生活与工作，但都没有什么特别成绩，几乎都生活在社会的中下层；剩下27%的人，他们的生活没有目标，过得很不如意，并且常常在抱怨他人、抱怨社会、抱怨这个“不肯给他们机会”的世界。

其实，他们之所以会出现如此大的差别，仅仅在于：25年前，他们中的一些人知道自己想干什么，该干什么，而另一些人则不清楚或不很清楚。我们也许无法确定这些数据的精准度，但在这里，我们的确看到了“人生设计”的重要性——向着目标奔跑的人才更可能成功。

实际上，古今中外，各行各业，都不乏其例。

例如，法国著名作家巴尔扎克年轻的时候，曾经营出版、印刷业，但由于经营不善，他的企业破产了，并欠下了巨额债务。债权人经常半夜来敲他的家门，警察局发出通缉令，要立即拘禁他。那时的巴尔扎克居无定所，后来实在没有办法，在一个晚上，他隐姓埋名，偷偷地搬进了巴黎贫民区卜西尼亚街的一间小屋里。就在这天晚上，他终于从原先的浮躁不安中平静下来，他坐在书桌前，认真地反思：多年以来，自己一直游移不定，今天想做做这，明天又想改行做别的，始终没有集中精力来从事自己最喜欢的文学创作。他突然间顿悟，蓦地站起来，从他的储物柜里找出拿破仑的小雕像，放在书架上，并在傍边贴了一张纸条：“彼以剑锋创其始者，我将以笔锋竟其业。”拿破仑想用武力征服全世界，他没做到，而我却要用笔征服全世界。事实上，他成功了！

还有，唐朝著名茶学家陆羽，从小是个孤儿，被智积禅师抚养长大。他虽身在寺中，却有很大的志向。青年时，陆羽执意下山求学，立志要把祖国的茶艺文化发扬光大。后来，他终于撰写出了广为流传的《茶经》。

铁面无私的包青天——包拯，自幼聪颖，勤学好问，尤喜推理断案。因他的父亲与知县交往密切，包拯从小耳濡目染，学会了不少断案知识，那时他就立志长大当一名能为民做主的好官。后来，他努力研习律法，终于成了断案如神、为民做主的一代清官。

南宋王十朋从小聪颖过人，文思敏捷，可是书法却不尽如人意。后来，他痛下决心，一定要练好书法。终于，在宝印叔叔的指点下，他终于悟到了书法的真谛，成为一名大书法家和文学家。

南宋著名的民族英雄文天祥，少年时生活困苦，在亲友的帮助下才有机会读书，面对这来之不易的机会，他树立了勇夺榜首的志向，努力多年后终于实现了自己的理想。

玄奘能够坚持不懈19年，行程5万余里而不放弃，也是因为他心中始终有一个目标：普度众生，把佛法发扬光大。

……

人生只有经过设计，才不会迷茫，使我们不仅清楚自己现在所处的位置，更清楚自己下一步所要迈出的方向。

“新东方”创始人之一徐小平说：“人生若没有设计，你离挨饿只有三天。”话虽然有些夸张，但在竞争如此激烈的当今社会，“人生需要设计”已经是毋庸置疑的思想理念。

但，这事儿说起来简单，做起来困难。

也许有些人会过分地强调现实的可能性。的确，建立任何的目标，都必须考虑到现实的条件。但是，如果过分地强调现实的可能性，而不是强调对未来的憧憬，我们就会发现，建立的目标，十有八九不会是什么太大的目标。没有远大目标牵引的人生，你的潜能也不会有太大的发挥空间。

也许有些人会根据自己现有的能力来确立目标。这样的目标也常常不会是什么太大的目标，并且人的能力似乎也总是不见长进。能力是一个相对的概念，绝不是天生的，而是后天有计划地去准备形成的。先确立一个目标，然后才去逐一准备达成该目标所必备的能力的话，我们会发现能力提升的速度显而易见。

还有些人会根据现有的信息来确立目标。这样的目标，也会将你的人生限制在其中。事实上，在我们的大脑生理结构中有一个网状系统，是专门用来过滤信息的。先确定目标，然后你的网状系统就会自动地帮助你去找寻能够帮助达成目标的信息。也就是说，先确立目标，然后再寻找帮助达成目标的信息才是正确的顺序。

另外一些人则是设立自己完不成的目标。如果达不到目标，即使你完成了其中的一部分，也会给你带来一种挫折感。人在生活中挫折感太多了，动力就会相应减少。

或者，还有些人会将没有量化、没有时间限制的梦想，当成是目标。其结果就是无法衡量进度，也无法衡量结果。同时也容易造成自己有意无意地压缩梦想，以适应残酷的现实。要知道，梦想可以非常概括、形象，而目标必须是具体而可以量化的。

人生，对每一个人来说，都只有一次，来不得半点儿闪失。避开这些陷阱、误区，问问自己：想做什么（兴趣），能做什么（能力），适合做什么（人格）。我们每个人的个性、天赋、才能、所处的环境等都是不一样的，而我们所要做的，就是认真分析自己的特点，找出适合自己做的事情。“世上本没有垃圾，只有放错了位置的财富。”如果你能够准确地把握这一点，那么你想不成功都很难。

所谓羡慕，正是奋蹄逐梦的鞭

世间万物，总是参差不齐地共存于天地间。那么有相对的高，就必定存在相对的低；有优就必然存在劣。于是，一种无形的比较，一种潜在的较量在所难免。羡慕，也就应运而生：穷人会羡慕富人，士兵会羡慕将军，丑女会羡慕美人，残疾人会羡慕健康人，失败者会羡慕成功者，打工仔会羡慕老板，名落孙山者会羡慕金榜题名者……但这一串的羡慕，不正是我们马不停蹄奋勇直前的动力？

有这样一个人，在他两岁时，他的身高忽然停止了生长，健康状况也出现恶化。后来经专家诊断，发现他患上了一种罕见的阻碍消化和吸收食物营养的疾病，他只能通过静脉注射营养液逐渐回复体力，但是医生告诉他，他的生长发育会受到限制，身高几乎不会再长了。

在医院里度过7年之后，他才终于走出了那里，然而他的身体仍然非常虚弱瘦小，因为营养吸收受限，他的鼻子里总是插着一根通到胃里的鼻饲管，管子的另一头用胶带贴在他耳朵后面，他的瘦弱和他奇怪的样子遭到了其他孩子的嘲笑，还把他叫做“花生豆”。

父母经常带着他的姐姐苏珊去滑冰场滑冰，每次也会把他带上。看到姐姐可以自由而快乐地滑行，他常常羡慕不已。

有一天，他看着在滑冰场上自由滑行的姐姐，忽然转身对父母说：“我也想试试，我想我也可以。”这让他的父母大吃一惊，但是为了满足他的愿望，父母还是答应了他的要求。难以置信的是，这样一个瘦弱的孩子竟然对滑冰产生了这么浓厚的兴趣，在他的心里，身高和体重都不重要，甚至冰场之上他有着超过任何一个人的信心，他在滑冰场上找到了很多乐趣。更令人称奇的是，在第二年的健康检查中，医生竟然发现他的身高增加了，而且他的健康也在慢慢地恢复。这个消息让他的父母和家人都感到很高兴。

后来再也没有孩子嘲笑他、戏弄他，虽然他只有1.59米高，52公斤重，但是这并不影响他对滑冰的热爱，在一次世界职业滑冰巡回赛中，他更是用一系列高难度的动作征服了所有观众。

他就是前奥运滑冰冠军斯科特·汉密尔顿。

说实话，身处喧嚣的人海之中，任谁都很难将目光仅仅集中在自己身上。在西方就流传着这样的话：“拿破仑嫉妒恺撒，恺撒嫉妒亚历山大，亚历山大嫉妒从不存在的大力神。”在现实中、历史上和传说里，总会有个人比你更成功、更优秀。不过，我们在羡慕别人的同时，是不是也应该明白这样一个道理——每一个人在被人羡慕的过程中都曾经历过艰辛，并且现在也在不断坚持。与其在别人的辉煌里自暴自弃，不如努力成为别人羡慕的人。

然而，更多时候，我们会把这种羡慕，变成一种嫉妒，甚至是恨。其中一个重要的原因是我们自己不求上进，但又怕别人胜过自己，似乎别人成功了就意味着自己失败，最好大家都成矮子才显出自己高大。于是，“事修而谤兴，德高而毁来”；“怠者不能修，而忌者畏人修”；“我不学好，你也别学好，我当穷光蛋，你也得喝凉水”。仿佛只有看到别人阴沟翻船才是自己人生的一大快事，有时甚至是可以不计任何后果地想让那个让你眼红的人遭殃。

其实，看见自己很想做的事别人可以轻易完成而出现嫉妒的情绪，这也可以理解。但是，如果只是一味地嫉妒，则会直接影响你的情绪，极大扭曲你的身心，从而让你的学习和工作效率大大降低。想一想，怀着愤怒与怨恨、羡慕与憎恶、屈辱与伤心等复杂的感情，怎么可能安下心来对待学习和工作？这些感性的情绪，会毁灭一个人的理智，让人心烦意乱不能专心，甚至，会想一些办法，让对方也不能如意，把精力都放在钩心斗角上，从而使人无法取得进步。

细细想来，别人的生活怎样与你何干？别人的优秀并不妨碍自己的前进，相反，它可能给自己提供了一个竞争对手，一个学习和赶超的榜样，会使你在今后的奋斗历程中迸发出前所未有的动力。事实上，一个真正埋头于自己事业的人，是没有工夫去嫉妒别人的。所以，与其把精力放在嫉妒别人上，不如放在超越自我、努力进取上。如果将嫉妒的负面情绪转换成正面，那就成了成功的出发点。正如波普尔曾经说：“对心胸卑鄙的人来说，他是嫉妒的奴隶；对有学问、有度量的人来说，嫉妒可化为竞争心。”

而要除掉嫉妒之心，爱，无疑是最好的方法。爱，可以产生无限的宽容，宽容可以抵抗嫉妒之心滋生，宽容可以遏制嫉妒之心在发展；爱，可以转移自己的注意点，看到别人的成功就去想别人为成功所付出的代价，看到别人的优势就告诫自己，发现自己的才智和毅力，发挥自己的才智，用百倍的信心创造出更美的成绩；爱，可以让自己更有涵养和魅力，当我们把所有的精力都集中在爱心上，时常催促自己要尊重他人乐于帮助他人，不仅可以克服自己的嫉妒心，还可以使自己免受嫉妒的伤害。

总之，从现在开始，把目光从别人身上收回来，做自己想做的人吧！而且，还要坚信你一定能成为那样的人。过去你是什么样的人已无关紧要，重要的是现在你想成为什么样的人。我们每一个人所真正需要的正是我们心目中的远大目标，在本质上说，这些都可以从丰富的生活或积极的创造过程中体验到。当你体验到幸福、自信、成功的饱满感情时，你就是在享受丰富的生活，而且也就真的会有许多好处或好事在等着你。

行还是不行，别让别人告诉你

很多时候，人就是需要这样一种信念：你认为对的，你就去做！不管现实、环境或别人怎样，无论别人做不做，我们都应该学会坚定地去做自己认为正确的事情。也许我们小小的行为不会改变事情的发生，世界也不会变，但是至少我们不会让他人改变自己。

有这样一个男孩，他的中学学业可以说是在不断被中断的过程中完成的，因为他的父亲是一位四处漂泊的驯马师。每过一段时间，他们就需要从一个牧场到另一个牧场，从一个马厩到另一个马厩，或者从一个赛马场到另一个赛马场，去给人驯马。

他念高中时，一次作文课后老师让他写一篇作文，讲讲他长大后想成为一个什么样的人、想做什么。

当天晚上，他认认真真、洋洋洒洒地写满了七页纸，描述了他的伟大目标——拥有自己的牧马场。他不仅详细描述了自己的这个梦想，还画上了一张200英亩牧马场的设计图，上面标出了他4000平方英尺的豪宅及所有房屋、马厩和跑道的位置。

可以说，他把整个身心都用于写这个作文了。

第二天，他把作文交给了老师，并对它充满了期待。

不过，两天后他却拿回来一个写有大大的、红色的“不及格”的本子。放学后，这个胸怀梦想的男孩去见老师，他问道：“我为什么得了一个‘不及格’？”老师说：“对你这样年幼的孩子来说，这是一个不切实际的梦想，是一个你无法做到的梦想。因为拥有一个牧马场需要一大笔钱，你要花钱买地，你要花钱买纯种马匹，还要花钱给母马配种。而你没有钱，没有资源，你的家人又四处漂泊。”老师又接着说：“如果你愿意重新写一个更切合实际的目标，我会重新考虑你的分数的。”

男孩回到家，沉思良久。一个星期之后，他去见了老师，交上了一字未改的原稿。他对老师说道：“你留着你的‘不及格’，我留着我的梦想。”

如今，这个男孩已经长大成人，他拥有一幢4000平方英尺的豪宅，坐落在一片方圆200英亩的牧马场中央。他将那份作文装裱后，挂在壁炉的上方。之后的一个夏天，那位老师带着30个学生，到他的牧马场上露营了一个星期。离开的时候，老师对他说：“我做你的老师时，差点儿偷走了你的梦想。那些年，我偷走了很多学生的梦想。幸运的是，你意志坚定，没有放弃自己的梦想。”

其实，我们每个人都曾经对自己的人生抱有过各种各样的梦想。小时候，每当有人问我们，我们总会七嘴八舌地说“我长大了要开飞机”“我长大了想当老师”“我要给布娃娃设计小衣服”“我要做面包师”“我要做公交司机”……然而，遗憾的是，小时候这些悬在空中引领我们的梦想，更多地被现在我们脚下的现实生存问题，或者我们身边的人，撕成了碎片，再没勇气去捡起。

“我们极希望获得别人的赞扬，同样的，我们也极为害怕别人的指责。”这是著名心理学家席莱说过的话。纵然我们绝无可能孤立地生活在这个世界上，几乎所有的知识和信息都来自于别人的教育和环境的影响。不过，你怎样接受、理解和加工、组合，这却是属于你个人的事情，这一切都要你独立自主地去看待、去选择。别人有别人的判断方式，你有你的特殊倾向，凡是你自己认为正确的事情，就都值得去说，值得去做。千万别让旁人的无知愚昧、大惊小怪或者消极态度阻挡了你的脚步，让你不能做最好的自己。

不过，要坚持做自己认为正确的事情，并不是一件容易的事。因为在成长的历程中我们往往会接受着来自各种渠道的指导：小的时候父母会告诉你怎么怎么做才是正确的；读书时老师会告诉你怎么怎么做是正确的；工作后老板会告诉你怎么怎么做是正确的……最后当你自己想决定做些什么的时候，就会发现自己已经似乎不再那么坚定地相信自己的判断了。其实大可不必。因为除非你什么都不做，否则你无法避免批评。英王爱德华小时候在学校常挨揍，原因竟是他们可以在之后跟别人说，我揍过国王！所以，没必要太在意别人的手指，对你伸出的是大拇指，是食指，是中指，还是小拇指，权当他在做运动就好了，只要自己觉得高兴就好。因为最终过你的生活的人是你自己，而不是其他人。

而且，即使错了又怎样？雨果曾说：“尽可能少犯错误，这是人的准则。不犯错误，那是天使的梦想。”人从小到大，从大到老，就是一个不断犯错误，不断改正错误的成长、成熟过程。如果你因为害怕犯错误，害怕被别人嘲笑或指责，就止步不前，又注定是另一个错误。

听听电影《当幸福来敲门》中，克里斯对他儿子说的话：“别让别人告诉你有什么事是你做不成的，即使是我也不行。如果你有梦想的话，就要去捍卫它。”如果你相信自己所做的，如果你的脑袋在晚上碰到枕头的时候，你知道自己所做的是正确的，那么，就去做吧！

世界并不是掌握在那些嘲笑者的手中

人生难免会受到批评、嘲笑、轻蔑、质疑和误解，包括恶意的、不真实的指责。特别是当你追求你的梦想并希望得到帮助的时候，这句话尤其显得正确。

“就凭你也想当舞蹈家？别再瞎耽误工夫了，你练也白练。”

“哎呀，你真的是笨得没治了，还考什么大学！”

……

这些“嘲笑家们”总是试图打消你的积极性。然而，对于你的梦想能否实现，真正有影响的其实是你自己的观点。其他人消极的想法只是反映了他们自身相对于事情的局限性，而不是你的局限性。

美国西部有这样一个小山村，这里群山环绕，与外界几乎隔绝。约翰·戈达德的家就在这里，从没出过远门的他常常眺望着远处的山峦，对山外的景致充满了无限的渴望和憧憬。

就在他10岁那年，有一天，一辆路过的车陷在烂泥里，无法动弹。他喊来村里的小伙伴，帮助司机把车推出了泥沼。

这位司机非常感动，给他讲了美国纽约、华盛顿、旧金山的繁华，还讲了高楼林立、道路四通八达，讲了汽车、飞机与轮船，分别时，还送给戈达德一本《世界地图》，告诉他，全世界都在上面写着呢。

戈达德高兴极了，从此，他每天怀揣着这本《世界地图》，听村里唯一识点字的老人约翰讲上面的故事。他时常说，我梦想以后能走出这大山，到纽约、华盛顿、旧金山去，还要到世界上许多地方。

而村里像他一般大的孩子却每天都在放羊、放牛。因此，每当人们听到戈达德的梦想，都会嘲笑揶揄他："你这是痴心妄想，你不放羊放牛，将来连老婆都找不到，还想走出这小山村？我们这里的人世世代代都没有走出过这小山村，不是照样过日子？你这孩子头脑一定有问题。"

从此，村子里的大人教育自家小孩，也常常会这样说："你不听话，整天好高骛远，就只能像戈达德一样，将来一定会一事无成的。"只有喂好牛和羊，将来娶了老婆生了娃，这才是人生最大的梦想。

戈拉德听了人们拿他说笑，目光中闪烁的却依然是坚定的神色，他挺直了腰板，昂起了头，大步向远处的山峦走去。

许多年过去了，许多人慕名找到这个小山村，村子里的人才知道，原来戈达德走出这小山村后，成了一名著名的探险家。他到过世界许多地方，征服了一个个险峰、激流、荒岛……他把他曾经生活过的小山村告诉了美国、告诉了世界。

从此，村里有许多人也走出了这个小山村。他们中有的成

了教师、有的成了企业家、有的成了作家，还有的成为了钻井工人、销售员、演员。

其实，每个人成长的路上、奋斗的岁月里，都少不了嘲笑与反对的声音，但我们都不必为此忧伤沮丧，因为这个世界并不是掌握在那些嘲笑者的手中，而是掌握在能够经受得住嘲笑与批评并不断往前走的人手中。

然而，生活中，很多人听到一点反对的声音、遭遇几次轻蔑嘲笑，便开始自暴自弃，觉得自己一无是处。其实，他不曾想过，也许成功离他只有一层纸的距离，只要他再稍加努力，便可拥有成功。这样毫无意义地怀疑自己，不仅不能助自己离成功更近一步，反而会逐渐消磨掉自己的积极性和耐心。反过来，如果我们是聪明人，就应该保持坚定的信仰和足够的自信，并能够利用这种嘲笑和批评来改进自己，这又何尝不是一件很合算的事呢?

如果看过《最强大脑》，你一定记得这个名字——周玮。电影《雨人》中，主人公雷蒙·巴比特是一个自闭症患者，却拥有过目不忘的本领，他能记住电话簿上任意一个读过的电话号码，他能迅速地数清掉落在餐厅地板上的246根牙签。而周玮也是这样一个“雨人”。

在节目中，他用了仅仅1分钟就算出了16位数字开14次方。他是个天才，但同时也是个残疾人。小时候由于一场意外，周玮的身体开始出现异常，最后竟导致他得了脑瘫。这样一个人，我们能够想象得到在日常生活中曾遭受过哪些歧视。果然，主持人说，由于他的智力低下，神情也有些呆滞，导致附近的学校都不愿意接收他，他不能跟其他孩子一样享受校园里该有的青春洋溢。父亲想了很多办法，才把他插到一个五年级的班上做旁听生。周玮在别人眼中虽然是个智力低下的孩子，但在父母眼中他是个天才。从一年级开始，周玮便在数学方面表现出了惊人的天赋。10岁读一年级时，周玮已经会三年级的算数，这在普通智商的孩子身上也很少发生。可惜，由于身体的残疾和周围的议论，他不得不辍学，放弃他最爱的学校。

其实，周玮并不是一个完全不知人心的孩子，他知道自己的缺陷，也知道别人对自己的嘲笑。尽管如此，他还是凭借自己的专长让国人记住了他这个数学天才，也改变了国人对智力低下的自闭症患者原有的看法。在国人心中，他不再是智障的代名词，而是“天才”的代表。

周玮身处这样的弱势尚能在他人的嘲笑和歧视中坚持自己的梦想，更何况是我们这些身心健全的人呢？他人的挑衅，如果不能动摇我们内心坚定的信念，就会反过来成为我们不断前进的推动力。因为不甘愿服输，不甘愿被人看不起，我们会努力证明自己，当每次坚持不下去的时候，就想想那些挑衅我们的人，我们就会更加坚定自己心中所想，保持绝对的自信，将当初的那些不切实际变成现实，以此来证明自己。

那么，从现在起就挺起胸膛，勇敢地面对众人嘲笑的目光和批评的言语吧，相信一句老话：“时间能证明一切。”你的所作所为终究会代替先前的嘲讽，从而在别人心中塑造出你真正的形象。

害怕失败，才是最大的失败

有一个人，他步行去逛街，结果走到半路因为路不平而摔了一跤。他爬了起来，可是他还没走几步，一不小心又摔了一跤，这一次他干脆趴在地上不再起来了。有人问他："你怎么不爬起来继续走呢？"那人说："既然爬起来还会跌倒，我干吗还要爬起来呢，还不如就这样趴着，就再也不会跌倒了。"

如果你遇到这样一个人，一定认为他很可笑。但是静下来想一想，很多时候我们自己又何尝不是这样的呢？只是我们那些可笑的行为不像这个人这么明显罢了。我们被一次次的错误和暂时的失败吓得不敢再次尝试，与这个人又有什么分别？

其实，我们在做任何一件事的时候，都希望做到最好，而且为此付出了巨大的努力，但是，大多数时候事情往往不能尽如人意。于是，遭受失败打击的我们，会觉得所有的能量和力气似乎一下子都没有了，剩下的就只有悲伤、失意、绝望以及压倒人的疲惫不堪和失望迷茫。所谓"一朝被蛇咬，十年怕井绳。"不过，如果害怕犯错误，就会止步不前，而止步不前，又注定是另一个错误。真正的强者，是在失败之后，能较快地从挫折情绪中走出来，对自己的力量进行重新估价，从自己的方面进行认真的分析研究，找出自己的差距和不足，或是扬长避短，充分发挥自己的优势，最后击败对手；或是转向其他领域，找到自己正确的位置，寻找新的成功之路。

让我们来看看一个人的简历：

1816年（7岁），全家被赶出居住地。

1818年（9岁），年仅34岁的母亲不幸去世。

1831年（22岁），经商失败。

1832年（23岁），竞选州议员落选。失业。想进法学院学法律，但未获入学资格。

1833年（24岁），向朋友借钱经商，年底破产。接下来花了16年，才把这笔债还清。

1834年（25岁），再次竞选州议员，这次赢了。

1835年（26岁），订婚后即将结婚时，未婚妻死了。

1836年（27岁），精神完全崩溃，卧病在床6个月。

1838年（29岁），努力争取成为州议员的发言人，没有成功。

1840年（31岁），争取成为被选举人，落选了。

1843年（34岁），参加国会大选，又落选了。

1846年（37岁），再次参加国会大选，这次当选了。

1848年（39岁），寻求国会议员连任，失败了。

1849年（40岁），想在自己的州内担任土地局长，被拒绝了。

1854年（45岁），竞选参议员，落选了。

1856年（47岁），在共和党的全国代表大会上争取副总统的提名，得票不到100张。

1858年（49岁），再度参选参议员，再度落选。

1860年（51岁），当选美国第16届总统，并成为历史上最伟大的总统之一。

没错，这个人就是林肯。两次经商两次失败，十一次竞选八次失败。仿佛终其一生都在不断地跌倒。但即使如此，林肯还是一次次地爬起来了。正如他自己所说："此路艰辛而泥泞。我一只脚滑了一下，另一只脚也因而站不稳；但我缓口气，告诉自己，这只不过是滑了一跤，并不是死去而爬不起来。"为了躲避摔倒而故步自封是愚蠢的；因为过去的失败而耿耿于怀，裹足不前的人是懦弱的；只有不怕失败的人，才是勇敢而智慧的人，这样的人才能亲近成功！

雨果说："尽可能少犯错误，这是人的准则。不犯错误，那是天使的梦想。"我们都是凡夫俗子，很少人有超常的能力来驾驭内在的生命，因此，生活中出现的错误与失败，也是人的一生中必然出现的一个组成部分。所以，你完全不必把"过去的失败"看得太重。其实那根本不能算作失败，只能算是受教育，它能教会你许多事情，使你更加成熟。

事实上，人从小到大，从大到老，就是在不断犯错误、不断改正错误的过程中成长、成熟起来的。任何事情都有它的正反两面，失败当然也不例外，关键在于你从什么样的角度去看待它，以怎样的态度去处理它。和成功所能带给我们的收获和喜悦相比，很多时候，失败带给我们的启迪和智慧，要重要得多。

在德国，有一个造纸工人在生产纸时，不小心弄错了配方，生产出了一批不能书写的废纸。因而，他被老板解雇了。正在他灰心丧气、愁眉不展时，他的一位朋友劝他："任何事情都有两面性，你不妨变换一种思路看看，也许能从错误中找到有用的东西。"受到启发的他开始研究起这批废纸来，终于，他发现这批纸的吸水性相当好，可以吸干家庭器具上的水分。他把纸裁成小块，取名"吸水纸"，拿到市场去卖，竟然十分畅销。后来，他申请了专利，独家生产吸水纸发了大财。

故事中的主人公就是利用自己的失误实现了自己的另一番价值。遇到问题不要畏惧，要勇敢地去面对，抱有这种想法的人一定不会永远与失败相伴。

这也就是人们常说的"失败是成功之母。"因为很多时候，失败都是以最真实、最客观、最深刻的方式向人们诠释着获得成功应该走的方向，应该做的事情，应该采用的方法……可以说，有了失败，我们才有了更开阔的眼界、更长远的目光，失败就是引导人们取得成功的最好的导师。

所以，不要再让过去的失败裹住我们前进的脚步了，你要相信，当失败来临，不是证明你不够好，而是给你一次成功的机会。我们不断地失败，不停地从头再来，反而能取得更大的成功。

梦想与空想，差的不是一个字

“梦想”和“空想”，都是说一个人心怀理想，但一字之差，形容的却是完全不同的两种人。

有“梦想”的人，会抛开一切世俗看法，尽自己最大的努力去克服一个又一个困难，一步一个脚印，直到达到自己心中的圣地；而“空想”的人呢？往往是“懒惰”“不上进”的代名词。这种人，无论到哪里都认为自己是“天之骄子”，处处“指点江山，激扬文字”，无论干什么事都是说起来“风风火火”“慷慨激昂”，但是具体到行动上呢？却每每“虎头蛇尾”，“轰轰烈烈”没几日也就“偃旗息鼓”了，自然只有失败的份儿。

但其实说到底，这两种人的区别只在于是否有脚踏实地的精神。有做大事的抱负，固然是好事。但是，如果只想做大事，却不屑于脚踏实地地从做好小事情入手，那就不是什么好事了。

在马萨诸塞州的乡下，有一个十分热爱诗歌小伙子，他甚至从7岁起就已经开始进行诗歌创作了。

由于地处偏僻，一直得不到名师的指点，这是他一直以来的遗憾。这一年的夏天，小伙子鼓起勇气不远千里登门拜访年事已高的大诗人爱默生。爱默生对这个小伙子非常欣赏，决定凭借自己在文学界的影响大力提携他。爱默生将青年诗人留下的诗稿推荐到文学刊物发表，但反响不大。他希望这位青年诗人继续将自己的作品寄给他。于是，一老一少两位诗人开始了频繁的书信来往。

信中，青年诗人用长达几页的文字大谈特谈文学问题，激情洋溢，才思敏捷，表明他的确是个天才诗人。爱默生对他的才华大为赞赏，在与友人的交谈中经常提起这位诗人。青年诗人很快就在文坛有了一点小小的名气。不过，在此之后，这位青年诗人再也没有给爱默生寄诗稿来，信却越写越长，奇思异想层出不穷，言语中开始以著名诗人自居，语气越来越傲慢。

爱默生开始觉得不对劲了。于是，在这一年的秋天，他邀请这位青年诗人前来参加一个文学聚会。

青年诗人如期而至，并且大出风头。他逢人便谈他的“伟大”作品，表现得才华横溢，锋芒咄咄逼人。而几乎每个人也都认为这位年轻人必将成大器。否则，大诗人爱默生能如此欣赏他吗？利用这次机会，爱默生也认真询问了年轻人的想法：“后来为什么不给我寄稿子了？”“我在写一部长篇史诗。”“你的抒情诗写得很出色，为什么要中断呢？”“要成为一个大诗人就必须写长篇史诗，小打小闹是毫无意义的。”“你认为你以前的那些作品都是小打小闹吗？”“是的，我是个大诗人，我必须写大作品。”“也许你是对的。你是个很有才华的人，我希望能尽早读到你的大作品。”“谢谢，我已经完成了一部，很快就会公之于世。”

之后，青年诗人继续给爱默生写信，只不过，信越写越短，语气也越来越沮丧，而且也从不提起他的大作品。这年冬天的某一天，他终于承认，长时间以来他什么都没写。以前所谓的大作品根本就是子虚乌有之事，完全是他的空想。

他在信中写道：“很久以来我就渴望成为一个大作家，周围所有的人都认为我是个有才华有前途的人，我自己也这么认为。我曾经写过一些诗，并有幸获得了阁下您的赞赏，我深感荣幸。使我深感苦恼的是，自此以后，我再也写不出任何东西了。不知为什么，每当面对稿纸时，我的脑中便一片空白。我认为自己是个大诗人，必须写出大作品。在想象中，我感觉自己和历史上的大诗人是并驾齐驱的，包括和尊贵的阁下您。在现实中，我对自己深感鄙弃，因为我浪费了自己的才华，再也写不出作品了。在想象中，我是个大诗人，我已经写出了传世之作，已经登上了诗歌的王位。尊贵的阁下，请您原谅我这个狂妄无知的乡下小子……”

此后，爱默生再也没有收到这位青年诗人的来信。

志当存高远，虽然没有错，但高远的志向必须和脚踏实地的行动结合起来。现实生活中，许多有远大抱负的年轻人也和这个青年诗人一样，忽略了“一屋不扫，何以扫天下？”的道理，一天到晚只会痴人说梦，幻想着有什么天大喜事降临，天上有馅饼掉下来砸中自己，总想不费半点力气就能在学习和事业上取得大的成就。等到忽然有一天，他看见比自己起步晚的，比自己天资差的，都已经有了可观的收获，才惊觉自己在这片园地上还是一无所获。或许这时他才能明白：生活中最大的成功者从来不是那些嘴上说得天花乱坠的人，也不是那些把一切都没想得极美妙的人，而是那些脚踏实地去干的人。

但若只是脚踏实地的话，则有时候很容易让人满足于现状，进取心开始逐渐消磨，所以也许永远都只能原地踏步，从而使目标可望而不可即。

因此，我们一定要在脚踏实地的基础上继续保持身上的“不安分因子”，它的积极意义就是——会让我们在不断的学习和实践中不断增长智慧，即使在探索前进的道路上深一脚浅一脚，却是走在通往成功的捷径上！

对于那些安于现状的人，我们给出的建议是：离开舒适区；找出自身的情绪高涨期；调高目标；逼真地想象你的弥留之际；撇开那些不支持你目标的“朋友”；迎接恐惧、直面困难；“休整→重新投入”的循环；先“排演”一场比你要面对的更复杂的战斗；在塑造自我的整个旅途中保持良好的感觉；不沉浸在过去，也不耽溺于未来，立足现在；敢于竞争；不从别人身上找寻自己，在内省中塑造自我；走向危机；从细微处做改变；敢于犯错；不怕拒绝；尽量放松；循序渐进。

脚踏实地，还往往意味着煎熬、等待。尤其是对于刚刚参加工作的人来说，初进公司，往往都会被安排去做一些比较琐碎、平凡乏味的工作。由于对工作的期望值比较高，对工作现实认识不足，人往往会变得急躁起来。但你必须快速转变心态，因为唯有等待，并且在等待成功时能够承受住磨炼和打击，才能得到自己想要的结果。

那些急功近利的人，需谨记如下原则：不要担心别人会很注意你；别忘了多激励自己；适当的场合适时地表现自己；总结经验，尽快地使自己成熟起来；找好定位；不放弃学习；多做事，少抱怨；自动自发。

其实，谁没有年轻过？谁没有空想过？谁没有幻想过？只是，你别忘了，空谈而不落实，再完美的战略、再滴水不漏的计划、再绝妙的招数也只能成为华而不实的空中楼阁。天地如此广阔，世界如此美好，等待我们的不仅仅是需要一对幻想的翅膀，更需要一双踏踏实实的脚！

志在山顶的人，不会贪恋山腰的风景

很久以前，在一片树林里生活着三只小鸟，它们一起出生，一起玩耍，一起长大。不知不觉间，它们的羽翼都丰满起来了。

这一天，三只小鸟商量着要飞出树林，到外面看看。于是，它们挥动翅膀，越过一座一座山冈、一条一条河流，最后飞到一座小山上。它们看到有农民在地里忙碌，还有成群的鸡鸭牛羊在仰头看着它们。第一只小鸟觉得这正是它理想中的生活环境，便不顾其他两个小伙伴的反对，选择在一棵树上停留下来，不再往前飞了。

而另外两只小鸟继续往前飞。又飞了几天，它们的翅膀变得更硬朗了，它们也越飞越高了，那些村庄、农田都越来越小了。终于，它们飞到了一朵五颜六色的云彩里。第二只小鸟觉得飞上彩云之端就是它的梦想，它完全陶醉在这里了。

但第三只小鸟却用坚毅的语气说："我还想再飞高点，因为我觉得我的翅膀还有力气。如果，你喜欢这里，那我就独自试试吧。"说完便挥动着翅膀，向着云霄冲了过去。尽管大雨打湿了它的翅膀，狂风吹得它东倒西歪，可是这只鸟好像一个斗士一般，不屈不挠，继续高飞。

这三只小鸟的结局，想必你已经猜到了：落在树上的成了麻雀，留在云端的成了大雁，而冲破云霄的则成了雄鹰。

其实，我们又何尝不是其中的某一只小鸟？在人生的很多阶段，我们都有机会获得一些荣耀，这些时候，我们总是很难说服自己去拒绝它，而是兴致勃勃地迎接它，并把它戴在头顶上四处张扬。这时，荣誉就将变成一种负担，让人停止不前，躺在荣耀簿上睡大觉的人又怎么会有更大的进步？

有了不同的梦想，便会长出不同的翅膀！如果只是满足于树梢，所看到的世界只有几丈之高；如果留恋于彩云之间，那么就飞不出层层云雾的缠绕；如果想要一览众山小，那就必须做一只翱翔于蓝天的雄鹰！

事实上，荣耀只是对你以前的努力做出的肯定。如果你过分迷恋这份荣耀，那么人生的境界就不可能太高，事业的格局就不可能太大。因为人在辉煌中，最容易迷失自己。会被自己的过去缠缚，不是胆战心惊害怕达不到那个高度，就是沾沾自喜看不到可畏的后生。只有忘记过去的成功，重新开始，你才可能再度成功。

演员黄秋生的经历就是一个很好的例子。当年，黄秋生凭借一部《人肉叉烧包》轰动了全港，并成功摘取了香港金像奖影帝的桂冠。获奖之后，黄秋生把奖杯放在家里一个最显眼的位置供起来。没事的时候，他就盯着那个奖杯，满怀憧憬，等待着片约上门。可是，由于拿了影帝，黄秋生身价倍涨，小成本电影不敢找他，而大制作又未必看得上他。就这样，一年过去了，他也没有拿到什么片约。这时候的黄秋生，开始发觉有些不对劲了，于是他开始反省。虽然后来经人介绍，他总算找到一份工作，不过，他仍是不甘心，他想自己好歹也是个影帝。就这样，他足足沉寂了三年。一气之下，他拿起奖杯扔出门外……几年后，黄秋生再次成为金像奖影帝。

黄秋生之所以会在成为影帝之后沉寂三年，就是因为他放不下影帝之尊，高不成低不就，结果岁月蹉跎，演艺事业不升反降。而扔掉奖杯之后，包袱也就没有了。于是他轻装上阵，该演什么还演什么，不再挑剔，才成就了如今的黄秋生。

登上领奖台，是令人期待的，但也着实很辛苦，鲜花同时是荆棘，掌声很可能成为以后生涯的“倒彩”。成功的后面，只有你自己才知道会有什么。如果你总是对昔日的成功念念不忘，试图躺在荣耀簿上睡大觉，那么，成功的后面就必然是失败。如果认识到以前的成功只能说明自己的过去，那么，成功的后面还是成功。

志在山顶的人，不会贪念山腰的风景。当我们陶醉于“山腰”的风景时，我们已经被登上“山顶”的人看成了失败者。所以，即使“山腰”的风景再迷人，我们也不应满足于现状而失去进取心，否则就是将自己置于时刻被淘汰的边缘地带。放下往日的荣耀，时常给自己归零，让人生随时都可以从零开始。这是人生经历练后的一种沉淀，是放弃虚华的一种表现，不但可以使我们的心灵得到解脱，还能让我们重新认识和塑造自我，以备今后可以更好地投入生活。

2

除了脚踏实地地努力，这世界并无其他捷径

——向与生俱来的行为顽疾宣战

等待，永远是美好的最大敌人

当年，我们一同毕业，步入社会。但几年后再看，我们已经有了相当不同的际遇和发展：一些人一再被幸运女神挑选出来穿上灰姑娘的玻璃鞋；而另一些人则还在机遇的门口迷失方向，苦苦求索而不得通幽曲径。

为何？

人们对这个问题的回答通常是勤奋、思考、创新等等，当然，还有那么一点点幸运什么的，这些无疑都是千百年来的励志故事，当然也是促进成功的必要条件。但这些回答，是不能完全解释成功的内在原因和机缘的。事实上，在那些幸运儿成功的背后，总是有一种现象反复出现，那就是早早行动。灰姑娘的玻璃鞋只有一双，必须要早早地在幸运女神那里排队申请。

美国女孩卡洛琳，从念中学的时候起，就一直想当电视节目的主持人。

她觉得自己具有这方面的才干，因为每当她和别人相处时，即使是陌生人也都愿意亲近她并和她长谈。她知道怎样从人家嘴里“掏出心里话”。她的朋友们称她是他们的“亲密的随身精神医生”。而她的家庭对她也有很大的帮助和支持——她的父亲是波士顿有名的整形外科医生，母亲在一家声誉很高的大学里担任教授。可以说，她完全有机会实现自己的梦想。

但是，她为达成这个梦想而做了些什么呢？

其实什么也没有！她常说：“只要有人愿给我一次上电视的机会，我相信一定能成功。”她只是在等待奇迹出现，希望一下子就当上电视节目的主持人。

结果呢？自然是什么奇迹也没有出现。谁也不会请一个毫无经验的人去担任电视节目主持人。而且节目的主管也没有兴趣跑到外面去搜寻天才。

另一个美国女孩茱莉亚也希望自己能成为著名的电视节目主持人。

她不像卡洛琳那样有可靠的经济来源和良好的家庭背景，她知道一切成功都要靠自己的努力去争取。她白天去做工，晚上在大学的舞台艺术系上夜校。毕业之后，她开始谋职，跑遍了洛杉矶每一个广播电台和电视台。但是，得到的答复都差不多：“不是已经有几年经验的人，我们不会雇用的。”

但她还是不愿意退缩，一连几个月仔细阅读广播电视方面的杂志，最后终于看到一则招聘广告：北达科他州有一家很小的电视台招聘一名预报天气的女孩子。茱莉亚是加州人，不喜欢北方。但是，有没有阳光，是不是下雨都没有关系，她希望找到一份和电视有关的工作，干什么都行！她抓住这个机会，动身到北达科他州。她在那里工作了两年，最后在洛杉矶的电视台找到了一个工作。又过了五年，她终于得到提升，成为她梦想已久的节目主持人。

生活中我们常常能听到有年轻人说："我这么聪明，将来准能成大事的，你们就等着吧，等我有钱了，请你吃满汉全席。"言语之间，踌躇满志，仿佛自己已经功成名就。可是，等着就能等到成功，等来有钱吗？

"等过完这个周末我就努力学习。"

"明天我就开始运动。"

"等下星期我们就找时间出去走走。"

"等我有钱了我就带爸妈出国旅游。"

"等我买房了就向她求婚。"

……

等、等、等……似乎我们所有的时间，都用在了等待上。人人都愿意牺牲现在宝贵的时间，来换取毫不可知的未来。因为正活在美好青春时光里的我们总是觉得日月长在，何用人忙；总是认为错过了还有其他的机会，晚一点有什么关系。于是，我们把该承担的责任留到了以后，把该面对的困难留给了以后，我们把该尽的责任也留给了以后……

可结果呢？

自然是——"明日复明日，明日何其多。我生待明日，万事成蹉跎。世人若被明日累，春去秋来老将至。"

是的，明天，正是等待者们给自己的心理安慰。有位哲人曾经说过这样一句精辟的话："毁灭人类的方法非常简单，那就是告诉他们还有明天。因为告诉他们还有明天，他们就不会在今天努力了。"

等待，永远是美好的最大敌人，拖拉者的最大悲剧就是：一方面梦想仙境中的玫瑰园出现，另一方面又忽略窗外盛开的玫瑰。昨天已成为历史，明天仅是幻想，现实的玫瑰就是“今天”。拖拉所浪费的正是这宝贵的“今天”。

这个世界永远不缺乏机遇，缺少的是抓住机遇的手。假如每个人都能够将自己的憧憬、理想与计划，快速加以执行，那么，我们的人生不知道会有多成功！

没有任何借口！

习惯性的拖延者往往是制造借口与托词的专家。每当要付出劳动，或要做出抉择时，他们总会找出一些借口来安慰自己，总想让自己轻松些、舒服些。例如：上学、上班迟到了，会有“闹钟没响”“手表停了”“路上堵车”等诸多的借口；考试挂科、工作无业绩，会有“我没有他幸运”“我没有他有背景”“我已经尽力了”等很多借口……它们好像是“理智的声音”“合情合理的解释”，冠冕堂皇。

不可否认，借口确实有很多好处。它可以让我们暂时逃避困难和责任，获得些许心理上的慰藉。而且，我们也不太可能解决诸如“路上堵车”等问题，但就是在这种既定的环境中，就是在现有的条件下，我们同样可以把事情做到极致！（早起一会儿就完全可以解决堵车问题）我们无法改变或支配他人，但是一定能改变自己对借口的态度——远离借口的羁绊，抵制借口对自己的影响，坚定完成任务的信心和决心。

或许大多数的人找借口只是习惯性地为自己开脱，并没有想到其中的危害性。事实上，借口的代价无比高昂，它给我们带来的危害一点儿也不比其他任何恶习少。

拖延——“这几个星期我很忙，我尽量吧。”

悲观——“我们从没想过赶上竞争对手，在许多方面他们都超出我们一大截。”

缺少责任感——“我从来没有受过适当的培训来干这项工作。”

缺乏创新精神——“我们以前从来没有那么做过”或者“这不是我们这里的做事方式”。

逃避责任——“我开始就没有答应做这个事情，所以出了问题不是我的责任。”

……看看，这些冠冕堂皇的借口背后隐藏着多么可怕的东西！

再让我们看看现实中的一个事例：

托尼作为公司“元老级”的员工，负责对外跑业务，一直深得上司器重。

不幸的是，一次出差时发生了车祸，造成了托尼的一只脚有点轻微的跛。但是如果不仔细看，是根本看不出来的。实际上这根本不影响他的形象，也不影响他的工作。

有一次，托尼的一笔业务让竞争对手捷足先登了，这给公司造成了一定的损失。事后，他合情合理地解释了失去这笔业务的原因是因为他的腿伤发作，比竞争对手迟到了半个小时。以后，每当公司要他出去联系比较棘手的业务时，他总是以脚不方便、不能胜任这项工作为借口而推掉。每一次，上司都没有难为他。

就这样，托尼把大部分时间和精力都花在如何寻找更合理的借口上，择易避难、就近避远，碰到难办的业务能推就推。时间一长，他的业务成绩直线下降，只要没有完成任务，他就借口是自己的腿不争气。最后，他甚至习惯于因为脚的问题迟到、早退，甚至工作餐时喝酒，因为他总是对别人说喝点酒可以让他的腿舒服些。两年后，公司忍无可忍，只好辞退了他。

希望你还没有变成另一个“托尼”。要想成功，就不要给自己任何借口！不管那些借口是有多合理，它们都是阻挡我们成功的绊脚石。它让我们不思进取，让我们消极颓废，让我们在遇到困难和挫折时下意识地选择退让。久而久之，一个生机盎然的人会在这样那样的借口下，变成一个碌碌无为的懦夫。

现在我们已然知道，借口就是一张拖延的温床，一个掩饰弱点、推卸责任的“万能器”，一块敷衍别人、原谅自己的“挡箭牌”。那么，就必须排除任何借口，这样才有成功的可能。

首先，不要介意别人的嘴巴和眼睛，行动是你自己的事。毕竟我们生活和事业的好坏与否不在别人的嘴巴里，也不在别人的眼睛里。同时，我们也不要将注意力放在别人是否比自己优秀上，而要专注于自己一点一滴的成长，这样就会离自己内心的期盼越来越近。

其次，勇敢迈出你的第一步。有人说，成功往往就差那一小步，迈出去你的人生或许会因此改变。关键要看你愿不愿意迈出这一步！这无疑是极其精辟的。事实上，你不必担心，也不要低估自己的创意。很多人的成功一开始也是来自那些看起来并不怎么样的想法，但是抱着试一试的心理，说不定就会获得意想不到的结果。不要轻视自己的能力，只要肯踏出付诸行动的第一步，再一步一步往前走，就会有成功的希望。

再次，推着自己的精神去做事。有一个幽默大师曾说："每天最大的困难是离开温暖的被窝走到冰冷的房间。"他说得不错。当你躺在床上认为起床是件不愉快的事时，它就真的变成一件困难的事了。即使这么简单的起床动作，即把棉被掀开同时把脚伸到地上，都可以击退你的决心。那些有好运、能成事的人不是等到精神好的时候才去做事，而是推着自己的精神去做事。

最后，尽量缩短"念头"和"行动"之间的距离。例如：你很想找一些老同学联谊，这个念头一起，立刻取出电话簿，开始联络；你很想学艺术摄影，那么立刻拜师学艺，并且将作品寄给报社或杂志社投石问路；你很想参加公司的专业课程培训，那么，就立刻报名，并且积极调整周遭事项；你有计划到北京大学旁听，那么，立刻打电话到北大教务处询问课程教室；你很想尝试一个新行业，你就该立刻进行对该行业的了解，与从业者交换意见…… 这些"念头→行动"的练习，就是一种"行动爆发力"的训练，也就是积累"自主力"的一些小过程，我们极需要在这样尝试和适应的经验中，训练自己做事时不找任何借口，随时都在思考、行动中，把生活带动得更有朝气、更具活力。

另外，还要注意，行动一定要持之以恒。为了争取事业成功和美好生活而进行的行动，绝不能“三天打鱼，两天晒网”，而要持之以恒。再慢的蜗牛，只要它坚持不停地爬，最终也会抵达它的目的地，消灭借口也是这样。

不给自己任何借口，只有让自己没有退路，没有选择，让心灵时刻承载着巨大的压力去拼搏，去奋斗，置之死地而后生，只有这样，我们内心深处的潜能才会最大限度地发挥出来。

才能一旦让懒惰支配，它就无所作为

“这件事我一定要做了”……“真的要做了”……“也许可以再等一会儿”……“先休息一下，看会儿电视，上会儿网，聊会儿天”……“还是明天吧，我明天一定能做完”……你是不是也有过类似的“心路历程”？一些事情需要我们尽快完成，而惰性却总是占了上风。

其实，人人都有惰性，甚至可以说懒惰正是人的本性，它的集中表现就是拖拉。心理学家乔治·哈里森就曾说过：“拖延是一种不能按照自己的本来意愿行事的精神状态，是缺乏意志力的表现。”它让我们本来可以完成的事不立即完成，今天推明天，明天推后天。“今天不为待明朝，车到山前必有路”，结果，事情没做多少，美好年华却在这无休止的拖拉中流逝殆尽了。

有这样一对好朋友：她们在同一家公司上班，做着同样的打字员工作，还住在一起。可是这样亲密的两个人，却有着两种截然不同的性格——小J性格内向，但对生活充满了激情；小T看似热情，却过着颓废的生活。

每天，当小J走出家门的时候，小T还赖在床上；当小J安排好了一切，开始有条不紊地工作的时候，小T才刚刚踏进公司的大门；当小J结束了一天的工作，开始计划明天的时候，小T还在抱怨今天的工作如何繁重。

打字不是一个有趣的工作，所以小T搞不懂小J怎么会时刻保持着激情。其实，刚开始工作的时候，小J也有厌烦情绪。日复一日地敲击着键盘，天天面对着枯燥的文字，刚一上班，小J就开始盼望下班。有一天，小J看着眼前的电脑，居然冒出了把它砸掉的念头。这个念头让小J瞬间清醒了，她意识到自己的心态出了问题。于是她认真地反省自己的行为并决定转变自己的工作态度。

也就是从那天起，小J不再把打字当成是一种枯燥的工作，而是把打字看成是一种挑战。她不再计较工作的繁重，反倒在工作中开始了比赛——自己跟自己比赛。她制订了一个目标（比如80字/分钟），然后超越它，再制订，再超越，如此反复。等到自己的打字速度无法再提高的时候，再寻找下一个比赛项目。

就这样，小J不仅消除了厌烦情绪，还让自己的工作效率得到了很大的提高。

当小T向小J请教工作方法的时候，小J如实告诉了她，可是小T对此不以为然。她不觉得这样的方法有趣，反倒认为小J的想法不正常，所以在以后的工作中她依然懒惰、颓废。

就这样，小J每天都激情四射地工作着，小T却一再颓废、消沉。最后，小J升职了，调去做更有发展的工作；而小T却被辞退了。

其实，小J与小T就好像是我们身上依附的两个自我。一方面，我们追求上进，渴望成功，一直有着自己的理想和追求。而另一方面，又有另一个自己，懒惰，享乐主义，跳出来引诱我们、打击我们。在这场自我与自我的战争中，谁能够战胜那个懒惰的自己，谁就是最后的赢家。

事实上，古往今来，许多成功的人，也正是因为战胜了惰性才取得了成就。例如：法国作家雨果在1830年的时候曾经和一个出版商签订了合同，并答应出版商在半年里写出一部成功的作品。为了保证自己能把全部的精力都放在工作中，以便如期完成任务，他只留了一件身上穿的毛衣，然后把其他衣服都锁在一个箱子里，并把钥匙丢到河里。对此雨果的解释是：这样自己就拿不到外出时需要穿的衣服，也就断了和朋友外出或游玩的想法。从那天起，他除了吃饭和睡觉外，就一头扎进了白纸黑字间，最后作品完成的时间比出版商预期的要快两周。虽然这部作品仅用了5个月的时间就完成了，却获得了巨大的成功，这部作品就是后来闻名于世的《巴黎圣母院》。还有，世界文学巨匠列夫·托尔斯泰，年轻时也曾是一个懒惰的人。为克服惰性，他采取了两个措施，一是天天做体操，二是每晚睡前记日记。这两个措施，他一直坚持到八旬高龄，日记坚持记到他逝世前4天。正是他坚持不懈地克服了惰性，养成了毕生勤奋的习惯，才有了《复活》《安娜·卡列尼娜》等伟大著作，并使他成为文坛巨匠。

正如《颜氏家训》中所说：“天下事以难而废者十之一，

以惰而废者十之九。”懒惰，从某种意义上讲就是一种堕落，它就像一种精神腐蚀剂一样，慢慢地侵蚀着你。一旦背上了懒惰的包袱，你就为自己的生活掘下了坟墓。因此，任何时候你都必须与自己的惰性抗争，超越这种人类本性的钳制。

要战胜惰性，我们可以首先从改善环境入手。因为人们习惯的养成，与长期所处的环境是密不可分的。例如，如果早上总是懒得起，那就坚决把闹钟放到你不起来就关不掉的地方。类似的，我们也把我们学习、工作的环境设置得有防止懒惰、充满干劲的气氛；要战胜惰性，我们也可以用欲望和兴趣来激励自己避开诱惑。例如，在学习或者工作时，找到自己最感兴趣的部分，任他外界多么诱人，就能充耳不闻；要战胜惰性，我们还可以尝试用无情的自我惩罚来约束自己。例如：国外有种“橡圈弹痛法”，即当你又犯了懒惰的坏毛病时，立即拉弹预先套在手腕上的一根橡皮圈，疼痛的刺激可以帮你抑制和消除惰性；另外，与有干劲和激情的人交往并请他们监督自己，也一个战胜惰性的有效方法。我们不妨把改掉懒惰的决心告诉他人，请他们给予监督。

当然，要战胜惰性，最根本的方法还是要战胜自己的内心。我们需要时刻检查自己，督促自己，克服自身的惰性、动摇性，也只有那些真正懂得人生的价值和意义的人，才能真正自觉地鞭挞自我，克服惰性。其实人生真的很短，没有多少时间允许我们浪费，时时刻刻都需要一种紧迫感来督促自己，“要活得好像明天就要死去一样”，切莫待明朝，万事成蹉跎。

做感兴趣的事比使用任何工具都高效

面对自己讨厌的事情，人们很难有行动的兴趣。试想一下，一个不渴望得到面包和牛奶的人，会为了得到它们而付出辛苦的劳动吗？当然不会。只有当一个人对某件事情产生浓烈的兴趣和有强烈的达成愿望的动机时，他才会立即采取行动，并坚持下来直到目标达成。

因此，对那些因兴趣缺缺而拖延的人来说，最有效的药物就是“兴趣”。许多事业上取得成功的人都是依据一条真理来行动的。比如，毕业于哈佛大学的美国著名电影导演达伦·阿伦诺夫斯基，一次在哈佛的演讲中说：“我尽力让我的生活没有遗憾，我尽力选择那些让我觉得充满乐趣、让我喜欢的道路，因为那样的路才是正确的。”

被称为“压力之父”的赛也博士就曾经说过：“虽然我每天都要从早上5点一直工作到深夜，但我从来不认为这是一份工作。相反，我更觉得自己是在做一个十分有趣的游戏。因为我喜欢，所以它才给我带来那么多乐趣。”

还有，著名的发明大王爱迪生在一生当中有两千多项创造发明，他用自己的发明为人类做出了巨大贡献。有人曾经质疑爱迪生如此拼命工作到底累不累，可是他却说："因为我喜欢做实验，所以我从来没有把它当成头痛的工作。"

我们也应该向他们学习，从事让自己觉得有乐趣的工作，这比使用任何工具都要来得高效。

兴趣就是一切行动的动力和排除万难的决心所在。因为只有当你对一件事充满兴趣，热情高涨时，做事情才会是一种乐趣，而这快乐的心情正是激发和鼓励我们坚持下去的理由和动力，是打破拖延恶习最有力的武器。

事实上，人人都希望"做自己真正感兴趣的事情"，但我们的问题是如何才能将兴趣爱好和工作合二为一。

首先，你要弄清自己真正的兴趣所在。有些事情，我们看起来喜欢，但事实是，我们并非真正喜欢，喜欢只是自己的心血来潮，就好像爱一个人，没有相处前，把对方看成神，相处了才感觉"没有意思"。

其次，你还要明确兴趣不只是好玩。自己喜欢的事情也应该有其积极意义，我们要找出这个积极意义，为我们提供师出有名的支持。

再次，问问自己适合做什么。对喜欢的事情有了初步判断之后，我们可以问问自己究竟喜欢做什么，可以多举一些例子。

最后，慎重做出决定。进行前三项后，挑选出自己真正感兴趣的工作。并且，从此你要做好认真努力、发奋图强的准备。

总之，不要勉强自己去从事不感兴趣的工作，不要贸然踏进一个自己不喜欢的行业，一切都要以你的兴趣和热爱为前提，因为你想做的事才是你真正的天赋所在，才是你人生的成功点，才是你生命的寄托和精神的家园。

不过，许多人虽然可以找到一个自己感兴趣的、自己喜欢的工作，却还是会“败下阵来”。例如，一个国外调查机构曾围绕“职业与兴趣”这个主题对1000名职场人士进行调查，结果令人惊讶，竟有38%的人对自己从事的工作不感兴趣，而在这38%的人中，最后能脱离不感兴趣职业的不足3%。

为什么明明对自己所从事的工作不感兴趣，还要“泡”在其间、“钉”在其中呢？许多人给出的答案是：太多的外界因素阻碍我去做自己想做的事情，例如家人朋友的反对，旁观者的议论，让我实在无法坚持自己的立场。

其实，只要自己认为是对的，就应该坚持走下去。既不要在意别人的闲言碎语，也不要在乎恶意中伤的话，更不要太在意那些好心的劝告。19世纪美国最伟大的浪漫主义诗人朗费罗曾经说：“我们根据自己认为能做到的事，来判断自己的能力；别人则根据我们已做的事，判断我们的能力。”也许你的家人、同事、朋友会给你这样那样的建议，但其实他们并不了解你。例如，你本来喜欢做一些富有挑战性的工作，但是家人和朋友劝告你还是做老师吧，工作不累，假期又长又多，将来还能够辅导自己的孩子学习。他们只是根据职业的特点而非你个人的兴趣及能力来提出建议的。

所以，我们不应该由别人、由社会来规划我们的生活，别人往往会错估我们的生活，我们要自己规划自己的生活，自己去寻找发挥自己才能的机会，去寻找激发自己潜能的场所。

当然，很多时候，我们并不见得总能根据自己的兴趣随心所欲地做事。这时候，还有一个简单的解决途径，那就是——想办法喜欢上你现有的工作，把工作当成兴趣。其实工作与兴趣之间，往往只是一种一线之隔的心态。你尽可常常越过这条线，能消除这条界线，工作就会变成兴趣般轻松，而且久久不以为苦。

菲尔·格雷厄姆在美国的报业系统赫赫有名，并且一度成为美国最大的报业主。然而，谁能想到在商界取得如此成就的格雷厄姆，其实对经商并不感兴趣，真正让他愿意从事并觉得充满乐趣的是政治。

他曾在法院任职，当过美国最高法院大法官弗兰克福特的助手，参加过美国陆军航空队。然而当他在自己的政途上走得兴味盎然时，他的岳父却要他接手《华盛顿邮报》。面对老人的恳请，格雷厄姆不得不开始从事自己并不感兴趣的工作。但与大多数人不同的是，即使他并不认为这是一份有乐趣的工作，他也没有敷衍。他努力将自己对政治的热情转移到报业这一陌生领域中来，他努力地去找其中的乐趣。很快，他发现了其中的乐趣，他一头扎进报业的海洋中畅游，并取得了非凡的成就。

无疑，格雷厄姆的成功，正是因为他能够从本不感兴趣的工作中找到乐趣，并充满热情地投入其中，从而取得成就。爱上自己的工作，从工作中寻找乐趣，踏踏实实地学习自己所不具备的知识，才能对它有很高的热情，才能在工作中不断地提升自己，而不是在工作中浪费自己的青春。

现实生活中，还有相当一部分人刚开始时也很喜欢自己的工作，对工作也有很大的热情，但是随着时间的流逝，热情开始渐渐减退。于是工作就成了一件痛苦的事情，毫无乐趣可言，拖延恶习油然而生。其实，这就是职场心理疲劳。学会心理调适，降低心理疲劳的影响，就可以赶跑职场中的坏心情，让自己热情、积极起来。

下面是成功者给我们的一些建议：

张弛有度：你要学会合理安排好自己的生活，保证工作和生活能够张弛有度、劳逸结合。你可以约上三五好友，到一个幽静舒缓的氛围里释放自己的情感因子，或在书屋里静静地坐着看自己喜欢的书，或开展一项你感兴趣的体育活动，出去爬山、游泳等，让自己的身体得到最大程度的舒缓，让自己从工作中暂时地脱离一段时间，压力也就无法继续了。

适度倾诉：当我们成年之后，尤其是在经历了一些世事之后，我们烦恼时可能并不需要别人讲太多的大道理，更多的时候，我们是希望心理上的郁闷与烦恼能够一吐为快。通过适度、恰当地倾诉，可以将工作中的压力逐步转化出去，你也可以从朋友那里获得支持和鼓励，重新唤起奋进的勇气与决心。

宽容自己：我们常常以为完美主义才是一种对人生、对工作负责的态度，实际上人非圣贤，孰能无过。对自己多一点宽容，我们也能变得更加轻松。

变换眼光：实际上，可换一种眼光去看周围的事物。比如在赶车上班的过程中，与其为那一个多小时的上班车程而忧心忡忡，倒不如把心思倾注于漂亮清晨的每一个细节之中。也许一阵清脆的鸟鸣能让你心情愉快，刚刚盛开的花朵能使你倍感神清气爽，最后留一份好的心情带到你的工作中。

不仅如此，其实只要是能让工作变得不再枯燥的事情，你都可以试一试，或许一个小小的改变就能有意想不到的效果呢。

总之，做自己喜欢的事，你才能找到真正属于自己的人生殿堂；做自己喜欢做的事，也许你就能做到别人做不到的事。

凡能假如的，必是充满了遗憾的

生活中，我们常常津津乐道于接连不断的“下一次”：“下一次我会努力的”“下一次我会成功的”“下一次我会改正的”……不知有多少事情，我们都在期盼和找寻下一个机会。但是，下一次真的会比这一次好吗？

比利时《老人》杂志曾在全国范围内，对60岁以上的老人开展了一次题为“你最后悔什么”的专题调查活动，调查的结果如下：72%的老人后悔年轻时的努力不够，以致事业无成；67%的老人后悔年轻时选择了错误的职业；63%的老人后悔对子女教育不够或方法不当；58%的老人后悔锻炼身体不足；56%的老人后悔对伴侣不够忠诚；47%的老人后悔对双亲尽孝不够；41%的老人后悔选错了终身伴侣；36%的老人后悔自己未能周游世界；32%的老人后悔自己一生过于平淡，缺乏刺激；11%的老人后悔没有赚到更多的金钱。

老人们回首青春的这种种遗憾，对于现在的我们来说，无一不是一个警示。很多时候，很多事情，我们以为的下一次，也许永远都不会来了。与其在生命的尽头充满遗憾，不如在“现在或者此时此刻”的行为中做到最好，抓住眼前的每一次机会，珍惜现在所拥有的，那么你才可能拥有一个不后悔的未来。

一个男孩从日本留学归来，想投资开一个日式料理店。

他先让朋友帮他选择地点，他们跑遍了整个城市，看了无数的房子，最后他从中挑选出10个，列为准店，把它们在位置、环境、布局等方面的优劣列成清单，反复比较，从中优选出3个，然后把这3个店的位置、环境、布局及服务内容等方面列成一个更为详细的调查表，委托一家信息咨询公司做市场调查，根据调查回馈，最后确定了其中一个。

接下来开始装修。男孩请来装修公司，详细地讲述他的意图，他说得太详细了，不仅店内所有的空间，包括门厅、厨房、卫生间里的每一个角落都不放过，而且，店外远至百米的路段也做了精心布置，简直精细到极点，甚至显得有些婆婆妈妈。店终于按照他的要求装修好了，进到里面，给人的第一感觉是舒服，第二感觉还是舒服，你能想到的他全想到了。可他还不放心，让朋友帮他挑毛病，看看还有什么没想到的地方。

朋友说："挺好的，赶快开业吧，早开一天早收入一天。"因为从选店址到装修，男孩不仅多跑了许多路、多花了许多钱，更重要的是，花了许多时间，如果换成别人，现在早营业赚钱了，可他还在这儿挑毛病，朋友十分不解。

他看着朋友说："正式开业还要等一个星期，从明天开始，我请你带朋友来吃饭，全部免费，但有一条，每吃一次，至少要提一条意见。"

“为什么呀？”朋友更加不理解了。

“因为在日本，不能让客人等候超过5分钟，不能让他有任何不满意的地方，现在开业，我没有把握，所以我付费请咨询公司替我找最挑剔的顾客来，如果你方便也请你来，多挑毛病，拜托了！”他说。

“你也太认真了，这是在中国，不用这样，要我说，先开业，发现问题再说，现改也来得及。”

“不，我不能拿顾客做试验，在日本，我做过调查，开业最初10天进店的顾客，基本上就是你店里长期的顾客，如果你在这10天里留不住顾客，你就得关门。”

“为什么？一个新开的店，有点不足是难免的，客人也会谅解的，下次改正就行了。”

“不，在日本，没有下次，只给你一次机会。我刚到日本和日本人初次交往时，觉得他们很傻，你说什么他都信，你如果想骗他们其实很容易，但是他只给你骗一次，以后他永远都不会和你来往。在日本，只要你是本人的原因犯错，你就得走，你不必说‘对不起，这次我错了，给我机会，我保证下次改正’。没有下次，只给你一次机会。”

是的，很多时候我们都很难再有第二次机会来弥补自己的过失。“下一次”可以说是一种特权，并不是无时无刻存在，也不是人人都享有。如果总把希望寄托于“下一次”，“下一次”并不会如期而至，反而会把你引向失败的深渊。

遗憾的是，我们身边却有太多人都会不自觉地期盼找寻下一个机会。这是一种很危险的思维方式：它会让人忽视当下应该怎么做。认为现在的事情做不好还有机会改，还可以等到下次再处理，还有总结错误再做一次的机会。实际上，我们对当下事务的每一次忽视、怠慢都会对下一件事情的发生、进展产生负面影响，从而导致在下次机会到来时，我们不能很好地把握。因为一旦一个人习惯于寄希望于下一次，依此类推，会以为机会永远无穷尽，然而事情这样发展下去的结果很可能就是坏上加坏，以致到后来无可挽回。

所以，永远不要存在侥幸心理，把希望寄托在“下一次”。人生就像一场表演，没有彩排，每一场都是现场直播。把握好每次演出才是对人生最好的珍惜。实际上，凡是优秀的人才，都是从一开始的时候就做好了赢的准备与打算，所以每次行动都是以保质保量完成任务为目标，不会给自己任何理由和借口推脱过去。即使是当代著名表演艺术家或知名学者，他们每一次上台表演或演讲都如履薄冰，在上台前不断地练习，严格要求自己在观众面前呈现最完美的一面。因为对他们而言，每一次都是不同的观众，所以自己的每一次表演或演讲，都应该当做是第一次也是最关键的一次来表现。

尤其是在社会生活中，竞争这么激烈，即使你没有犯任何错，也有可能会被别人取代，更不用说你不好好把握现在的机会了。我们现在所处的环境是锻炼我们的最好机会，只有做好了现在的事才可能获得一个更好的未来。如果我们连现在的事情都做不好，都不愿做好，又有什么资格埋怨未来的不如意呢？

把每一天当作生命的最后一天

当生命还在，我们会觉得自己离死亡还很遥远，所以对于惰性，我们也就“听之任之”了。于是，我们把今天的憧憬保留到明天去实现，把今天的理想留给后天去实践，把今天的计划留给大后天去执行，整日坐视种种憧憬、理想、计划的幻灭和消失……

而事实上，没有谁知道自己能活多久。假如今天就是你人生中的最后一天呢？你还会这样过吗？

我相信你一定会抓住这宝贵的时间，想你该想的、做你该做的、拥有你该拥有的，付出你的真心、你的真情、你的真爱、你的精力、你的大度、你的宽容、你的包容，帮助更多需要帮助的人，做更多的善事和好事，让爱你的人更爱你，关心你的人更关心你，使生命不留遗憾！

在硅谷，可能没有人比史蒂夫·乔布斯更具有传奇色彩了。比尔·盖茨虽然没有大学毕业，毕竟正儿八经地上了两年。但乔布斯只读了半年大学，又旁听了一段时间，然后就彻底离开了学校。不过，“开创和发展个人电脑工业”让他成为美国工程院唯一一个没有在大学读完一年书的院士。

在斯坦福大学的毕业典礼上，乔布斯说了下面一段话：

在17岁那年，我读过一句格言，大概内容是："如果你把每一天都当成生命里的最后一天，你将在这一天发现，原来一切皆在掌握之中。"这句话从读到之日起，就对我产生了深远的影响。在过去33年里，我每天早晨都对着镜子问自己："如果今天是我生命的最后一天，我还愿意做我今天原本应该做的事情吗？"当一连好多天答案都是否定的时候，我就知道，做出改变的时刻到了。

大约一年前，我被诊断出癌症。在早晨7：30我做了一个检查，扫描结果清楚地显示我的胰脏出现了一个肿瘤。医生告诉我，几乎可以确定这是一种不治之症，顶多还能活3至6个月。医生建议我回家，把诸事安排妥当，这是医生对临终病人的标准用语。这意味着，我得把今后10年要对子女说的话用几个月的时间说完；这意味着，你得把一切都安排妥当，尽可能减少你的家人在你身后的负担；这还意味着，向众人告别的时间到了。

我整天和那个诊断书一起生活，直到有一天早上医生给我做了一个切片检查。大夫们从显微镜下观察了细胞组织之后，惊讶得集体尖叫了起来：因为那是一种非常罕见的，可以通过手术治疗的胰脏癌。

这是我最接近死亡的一次。我能够更肯定地告诉你们：没人想死，即使想去天堂的人，也是希望能够活着进去。死亡是我们每个人的人生终点站，没人能够成为例外。生命就是如此，因为死亡很可能是生命最好的造物，它是生命更迭的媒介，送走耄耋老者，给新生代让路。

现在你们还是新生代，但不久的将来你们也将逐渐老去，被送出人生的舞台；很抱歉，我说得这么富有戏剧性，但生命就是如此。你们的时间有限，所以不要把时间浪费在重复其他人的生活上。不要被条条框框束缚，否则你就生活在他人思考的结果里。不要让他人的观点所发出的噪音淹没自己内心的声音。最为重要的是，要有遵从自己内心和直觉的勇气，它们可能已经知道你其实想成为一个什么样的人——其他事物都是次要的。

……

乔布斯用他的亲身经历告诫我们：每一天都应该成为你生命中的最后一天，你要把它设计成你生命中最美好的一天。你的每一分钟都能换取有价值的东西，你会比以往更加努力劳动、做事，阅读更多的书籍，赚比以往更多的钱。这样过完人生才终让你无怨无悔。

生命，当我们拥有时，我们总是察觉不到它的美好，因此，许多人把每一天当作一生来过，慢慢腾腾，结果总是老气横秋；而有的人把一生当作一天来过，总是充满生气，充满紧迫感，因而做出重大的成绩，正如臧克家在他的诗中说：“有的人死了但还活着，有的人活着却已经死了”。追求幸福的人活着一天，贡献一天，而消极度日的人，即使活到百岁，也不过是苟延残喘而已。

重视每一天，其实也就意味着连现在的一小时也要重视，重视一小时也就是连目前的一分钟、一秒钟也要重视。事实上，凡在事业上有所成就的人，都有一个共同的特征，那就是——抓住生活中的分分秒秒，不图清闲，不贪逸趣，敢于与时间赛跑。出身贫寒、却因为不断努力而闻名世界的法国民虫学家法布尔就曾说过："忙得连一分钟休假时间都没有，对我来说才是最幸福的事。"每个人都应该养成这样一种习惯，珍惜和利用好生命中的分分秒秒，抓紧任何一点闲散的时光。

常有人说，要写一本书实在是一件大事情。但目前工薪阶层的人，一边上班、一边写小说的人却愈来愈多。因对公司的工作不敢偷懒，所以他们写小说的时间实在很少。因此他们都利用上班前的有限一点时间来写小说，这样慢慢地写下去，不久就可以完成一本书！只要能够养成珍惜每一刻并去努力的习惯，这样累积下去就会产生出好的结果来。

没有一个人能够阻挡住死亡的脚步，也没有一个人能让生命重新来过。在每天早上睁开眼睛时，你都要告诉自己，这是特别的一天，每一分钟、每一秒钟都是那么可贵。如果我们可以把每天都当成生命中的最后一天来过，对于你的人生、对于你的亲人、对于你的朋友、对于你的同事、对于你的工作、对于你的家庭、对于你的时间管理，都会有太大的不同和感受。这样去做，一定会使你的时间利用率高、生活质量高、生命价值大，人生会活得更加有意义。

3

你不努力，谁也给不了你想要的生活

——别在最能拼搏的年纪选择安逸

成年人的生活里，从没有“容易”二字

成功，人人渴望得到。但是，多数人只是看到他人获得成功的喜悦，有多少人能够看到他们付出的艰辛呢？正如冰心曾写的，“人们只惊羡她现时的明艳，然而当初她的芽，浸透了奋斗的泪泉，洒遍了牺牲的血雨。”

每一个辉煌的成就背后，都是一条艰辛漫长的付出路。当今世上，有哪个人、哪件事是不须努力而获得成功的呢？运动明星傲人成绩的背后，记录着烈日煎熬的汗水；文学家动人作品的背后，刻画孤独创作的岁月；企业家庞大财富的背后，累积着屡败屡战的经验。人世间，不劳而获的事情终究太少太少，必先付出，才会杰出。

事实上，古今中外，凡是在事业上有所成就的人，无一不是勤奋刻苦的楷模，是勤奋铸就了他们事业的成功：

一代伟人毛泽东，小时候因无钱买书，竟然徒步走20多里的路，到亲戚朋友家去借书，白天出去放牛，晚上就在昏黄的豆油灯下苦读。

台塑集团董事长王永庆，几十年如一日，每天晚上10点睡觉，2点半起床办公，每周工作100多小时。

著名作家高尔基，从小就饱尝人间的辛酸，即使做活累得腰酸背痛，也不肯放弃一刻看书的时间，还常常在老板的皮鞭下偷学写作。

居里夫人在法国念书时，每天早晨总是第一个来到教室，每天晚上几乎都在图书室度过。图书室10点关门，回到自己的小屋后，她在煤油灯下继续读书，常常到夜里一两点钟。

美国的大发明家爱迪生，小时候家里买不起书，买不起做实验用的器材，他就到处收集瓶罐。一次，他在火车上做实验，不小心引起了爆炸，车长甩了他一记耳光，他的一只耳朵就这样被打聋了。生活上的困苦，身体上的缺陷，并没有使他灰心，他更加勤奋地学习，终于成了一个举世闻名的发明家。

日本的“推销之神”原一平，在一次演讲中有人问他推销成功最重要的秘诀时，他当场脱掉自己的鞋袜，将提问者请上台，对他说：“请您摸摸我的脚板吧。”那位提问者摸了摸，十分惊讶地说：“您脚底的老茧好厚好厚！”原来原一平在推销中每天要访谈15位客户，平均每月就要用掉1000张名片，他一生积聚了2.8万个准客户。

美国第一位黑人总统奥巴马有一张照片非常引人注意，就是他在准备竞选演说看演讲稿的时候，无意间把脚架在桌子上，记者抓拍到了他那双几乎磨穿鞋底的皮鞋。据奥巴马介绍，这双鞋子已经换过一次底了，他不介意再换一次。一个黑人想要在白人建立的国家中成功竞选总统，想一想压力和阻力有多大？但是年轻的奥巴马就是凭借勤奋，在竞选中四处奔走演讲争取民众支持，凭借对梦想的不离不弃，最终获得成功。

……

我想，实在没有必要再列举了吧。成年人的生活里，从来没有“容易”二字。所有成功的人，背后也都有一段段辛酸的回忆，因为他们不是神，也没有特异功能，他们的成功一定是与他们的刻苦努力成正比的。

也许会有许多人提出疑问：“为什么我这么努力，还是得不到我想要的”？

可是，你的确是非常努力吗？

你也许会用一大篇的生活苦难史来为自己的“努力”正名。可惜，“受苦”不是“努力”的同义词，也长不出“收获”的果实。

举例来说，一个人决定从北京去大庆考察几个商场，临行前一晚和朋友在外面玩得比较尽兴，回到家时已经比较晚了，担心睡觉睡过头会错过航班，就直接在沙发上靠了一晚。由于是第一次去，并不知道11月份的哈尔滨已经很冷了，因此，衣服拿得不够，下了飞机冻得头疼，又因为没有提前订票，到了哈尔滨之后只买到了去大庆的站票。一晚上没睡好，冻得头晕眼花，又在绿皮火车上站了两个多小时之后，在抵达大庆的那一瞬间，这个人觉得自己实在是太不容易了。

你是不是也觉得他为了生意已经很“努力”了？可是，你仔细想想，这些所谓的“努力”对他最终把生意做好，有半毛钱的好处吗？如果他前一天晚上能早点上床睡觉，多准备点衣服，提前在网上把火车票订好，完全可以舒舒服服地达到同样的目的。

所以，很多时候，你只是让自己遭受了一些痛苦，并误以为那就是努力。事实上，在热爱面前，一切努力反而都是享受。就如同在别人的爱情里，旁观者常常发出“他们为何要如此辛苦”的感慨，但在真正相爱的人眼中，这些根本不是辛苦，恋人携手度过的每一个艰难日夜都因为爱而显得无比甜蜜。当我们努力做着那些自己热爱的事情时，就没有痛苦，没有折磨，就是一种享受。

也许还有人用忙碌来证明自己的努力。当然，“努力”本身确实是需要支付时间成本的，但并不是跟时间打持久战。

在下面这些场景中，相信你曾看到过，甚或是看到了自己的身影：读中学时，不爱上晚自习的时候，就戴着耳机低着头，假装在看书学习复习功课。自习结束回到家里，在吃过父母的爱心夜宵后，回到房间，一边看着课本，一边满脑子胡思乱想；读大学时，考试之前，自习室都是黑压压的一群人，挤得满满当当。仔细一看，有人面前一边摆着英语单词书，一边摆着漫画书；有人一进自习室就开始趴着睡觉，几个月趴下来，新书也被口水浸成了旧书；有人倒是从早到晚都低着头背单词看试卷，然而，看似岿然不动的身影，看似眉头紧锁的脸庞下，看进去了多少，脑子里又记得住多少？

看起来每日起得比鸡早，睡得比狗晚，但这样就能说自己很努力吗？这哪里是努力，根本就是打着“努力”的幌子来一本正经地浪费时间，最后失败了，好像还不是自己的错，而是时光虚度了自己。一个没有方向、没有计划的努力，一定不是努力。熬夜发呆、熬夜网游、熬夜看书、熬夜工作，这四个通宵达旦地活着，我想你一定也知道哪个才能称之为真正的“努力”。

事实上，所有的无能为力，大多是因为你不曾真正努力。其实，努力，不一定要带着任何目的。要不懒惰、不偷巧、不抱怨、不放弃地过好每一天。“山不问高，仍然傲然挺立，高耸入天；河不问长，仍然奔流到海，不舍昼夜。”等到积之久矣，自然水到渠成。

你负责努力，剩下的交给时光

现实生活中，总有人把成功归于个人运气的好坏。其实不管是好运气还是坏运气，都会公平地摆在每个人面前。人生从不会特别地关照某一个人，关键看你如何抓住摆在你面前的机会。要明白，比你聪明的人很多，但比你努力，比你勤奋的人不多，坚持每天多做一点点，假以时日，我们的明天与昨天相比就会有天壤之别。

每天多做一点点，听起来好像没有冲天的气魄，没有诱惑力，也没有展示决心的气势，但如果你可以坚持下去，那简直是在默默地创造一个意想不到的奇迹，在不动声色中酝酿一个真实感人的神话。

古代印度国王舍罕酷爱下国际象棋，一直打算重赏国际象棋的发明者——他的宰相西萨·班达·伊尔。

他问西萨："你想要什么样的赏赐呢？"

这位宰相的胃口看来并不大，他向国王请求说："陛下，我想向你要一点粮食，然后将它们分给贫困的百姓。"

国王高兴地同意了。

“请您派人在这张棋盘的第一个小格内放上一粒麦子，在第二格放两粒，第三格放四粒……照这样下去，每一格内的数量比前一格增加一倍。陛下啊，把这些摆满棋盘上所有64格的麦粒都赏赐给您的仆人吧！我只要这些就够了。”

这个请求看起来实在是微不足道。国王马上令仆人搬来麦子，开始按照宰相的规定数放麦粒。其他大臣们眼看着仅用一小碗麦粒就填满了棋盘上十几个方格，禁不住笑了起来，连国王也认为西萨太傻了。

随着放置麦粒的方格不断增多，搬运麦粒的工具也由碗换成盆，又由盆换成箩筐。即使到这个时候，大臣们还是笑声不断，甚至有人提议不必如此费事了，干脆装满一马车麦子给西萨就行了！但不知从哪一刻起，喧闹的人们突然安静下来，大臣和国王都惊诧得张大了嘴：因为，即使倾全国所有，也填不满下一个格子了。

究竟需要多少麦子呢？这是一个简单的等比级数：1+2+4+8+16+32+64+128+256+512+1024+…+2的62次方+2的63次方=18446744073709551615。如果每升麦子 10 万粒的话，将需要184 万亿升。这差不多是全世界2000年小麦产量的总和！

每次只是一点点地放大，最终居然会是如此翻天覆地的变化!

其实，很多时候，人生的赢家与输家之间的距离，也并不如大多数人想象的是一道巨大的鸿沟，其实只差在一些小动作的准备上：每天花5分钟阅读、多打一个电话、适当时机的一个表示、在表演上多费一点心思、多做一些研究，或在实验室中多试验一次……如果一个人能够每天比别人多做一点点，日积月累，就会像棋盘上的麦子一样，再没有什么障碍能阻挡得住你最终的辉煌！

然而，现实生活中，许多人90%的时间都是抱着“混日子”的心态度过的。大多数人的生活层次只停留在：为吃饭而吃、为搭公车而搭公车、为工作而工作、为了回家而回家。他们都不愿意每天投资几分钟的时间（与一天的时间相比实在是少之又少）努力成为自己理想中的人。我猜想很多人临到退休时，才会发现自己虚度了大半生，剩余的日子又在病痛中一点一点流逝。

其实，每天多做一点点，既不是可望不可即，也不是可遇不可求。只是在你有可能眺望到的地方奔跑和追赶，不需要付出太大的代价，只要努力，就可以达到目标。比如，每天笑容比昨天多一点点；每天走路比昨天精神一点点；每天行动比昨天多一点点；每天效率比昨天提高一点点；每天方法比昨天多找一点点……

当然，任何微小的进步都不会平白从天而降唾手可得，都必须经过一番艰苦努力。

每天多做一点点，需要每天都要具体设计，认真规划，既不能急躁，又不能糊弄，更不能作假，因为这不是做给别人看，也不是要跟人交换什么，而是严于律己的人生态度和自强不息的进取精神。具体来说，设定的目标应该具体化和简易化。也就是说，刚开始目标不但要具体，而且要低、容易实现，哪怕是小小的成就也会给我们信心和勇气来慢慢实现后面更大的目标。譬如说学英语，你可以将目标设定为每天背10个单词，当天背了就在当天的表格上写上一个“+”，用以给自己鼓励，之后再逐步增加。

每天多做一点点，持之以恒最为重要。要想坚持下去，一个最有效的方式就是将其变成一种习惯。习惯的力量是无穷的，一旦养成一个好的习惯，你就会终生遵循这个习惯，并且从中受益无穷，从而让你的人生进入递进式的高度。在养成习惯的过程中，你要耐得住寂寞，不因收获不大而心浮气躁，不为目标尚远而怀疑动摇，而应具有持之以恒的韧劲；还要顶得住压力，不因面临障碍而畏惧退缩，不为遇到挫折而垂头丧气，而应具有攻艰克难的勇气；更要抗得住干扰，不因灯红酒绿而分心走神，不为冷嘲热讽而犹豫停顿，而应有专心致志的定力。

每天多做一点点，离不开自我反省。因为人就是在不断的反省、检查和总结中才得以进步的，通过反省和总结得出结论，然后再逐步进行改良，这样就会越来越好。例如，你可以把工作、学习和生活分开来反省检查：今天的工作，哪些做得好，要坚持，哪些做得不好，不好在哪里，如何改良；今天的学习，有没有学习，时间利用怎么样，效率如何，好的要加冕，不好的要改之；今天的生活，对家人，做错了什么，多说了什么，少做了什么，该怎么维持一个和睦的家庭生活氛围等等。

一个人，如果每天都能多做一点点，哪怕是只有1%的进步，试想，有什么能阻挡得了他最终达到成功？其实，成功就是这样一件简单的事情。你只需负责努力，剩下的就交给时光，回报也许就会在不经意间，以出人意料的方式出现。

别在该努力的时候，只谈梦想

你想象中的成功是什么样子？一个天才的想法，一份美妙的计划，然后演绎了一段完美的传奇？

但事实上，所有的成就都是在行动中完成的。想，固然重要，但想是为行动服务的，想好了、想通了就要去做，去行动！正如一位哲人所说："我们生活在行动中，而不是生活在岁月里。"光有富有创造力的想法却不积极行动，那么想法永远只是停留在想法，只有去实践、去探索、去承受失败和挫折，成功才会离你越来越近。

发现新大陆，让哥伦布成为意大利著名的航海家。在不久之后西班牙的一次欢迎会上，有位贵族突然口出狂言："发现新大陆没什么了不起，这不过是件谁都可以办到的小事，根本不值得如此张扬。"他接着说道："哥伦布不过就是坐着轮船往西走，再往西走，然后在海洋中遇到一块大陆而已。我相信我们之中的任何人只要坐着轮船一直向西行，同样会有这个微不足道的发现。"

不过，贵族的这番"高论"，并没有使哥伦布感到丝毫的尴尬。他反而漫不经心地从身边的桌子上拿起一个煮熟的鸡蛋，微笑着说："请各位试试，看谁能够使鸡蛋小头朝下，并竖立在桌子上。"

在座的所有人用尽了办法，也没有一个能成功的。只见哥伦布拿起手里的鸡蛋，用小头往桌上轻轻一敲，鸡蛋便稳稳竖立起来了。那位贵族立即说："用这种方法，我也做得到。"

哥伦布缓缓起身，很有风度地环顾着在座的每个人说："是的，世界上有很多事情做起来都非常容易，不过其中最大的差别，就在于我已经动手做了，而你们至今也没有做。"

或许你觉得这个贵族十分可笑，但是我们自己又何尝不是如此？我们的生活中，多少人在感叹人生怀才不遇，多少人在抱怨人生不尽如人意，又有多少人躺在舒服的床上，规划着光明的未来。他们有一个共同点，只是感叹、只是抱怨、只是规划，却不去行动！

其实，芸芸众生中，真正的天才与白痴都是极少数，绝大多数人的智力都相差不多。然而，在走过漫长的人生道路后，人们的命运差异却很大：有的人成就显著，有的人却碌碌无为。这本是智力相近的一群人，为何他们的成就却有天壤之别呢？原来，成功人士与平庸之辈最根本的差别并不在于天赋，也不在于机遇，而在于有没有实现自己人生目标的行动！看看那些本该事业有成却一事无成的人，我们就会明白，正是因为缺乏积极有效的行动，才导致了现在的局面。

要知道，再多的智慧，再多的奇思妙想，如果不用在行动上，都是毫无意义的。虽然想法很重要，但是它只有在被执行后才有价值，想法本身并不能带来成功。一个被付诸行动的普通想法，要比一打儿被你放着“改天再说”或“等待好时机”的想法来得更有价值。而且，一个没被付诸行动的想法在你的脑子里停留得越久就越会变弱。几天过后，其细节就会变得模糊起来。几星期后，你就会把它全忘了。而行动，却可以使看起来困难、复杂的事情变得简单，可以让远在天边的成功变得触手可及。在实践中，你还可以实现更多的想法，并在这个过程中产生更多新的想法。

然而，在现实生活中，很多人还是心动的时候多，行动的时候少，梦想着成功，却没有付诸行动。我们的生命有限，甚至可以说我们在世的时间也不见得足够完成一切想做的大事情。因此，我们实在不该一直漂浮不定、彷徨迟疑、延迟耽搁，也不该迟迟不采取行动，必须把握有限的光阴，善加利用。假如我们对某项工作已有所准备，就该去做。

不要低估自己的创意，事实上，很多人的成功一开始也是来自那些看起来并不怎么样的想法，抱着试一试的心理，说不定就会获得意想不到的结果；也不要轻视自己的能力，只要肯踏出付诸行动的第一步，再一步一步往前走，就会有成功的希望。

抛弃所有顾虑，只要你还有时间、有精力，就必须身体力行。也许本来有其他人可以做得更好，但在我们率先行动之前，他们或许连尝试的念头都未曾有过，或者他们愿意助我们一臂之力。还有另一种可能：付诸行动，使我们的准备更加周全，能力也获得增强，到了最后，竟变成最成功的人。

所有成功的人实际上都是因果论者

生活中，我们常常会听到有人抱怨自己怀才不遇，看到有人抒写自己时运不济，生不逢时。他们总感觉自己在事业上或个人生活上不成功不是因为能力太差，也不是因为努力不够，而只是因为上天没有给予自己成功的好运气。运气，这个可遇而不可求的因素，似乎在很大程度上已经被这些人归纳为失败或者成功的重要因素之一了。

不可否认，有时候成功需要运气，但运气不是决定因素。要知道，世间万物都逃不开一个因果，每一个结果都必然有一个特定的原因或者多个原因。这是宇宙最根本的定律。也就是说，任何人的成功或失败都不是偶然的，两者都有因果关系可以解释。对于成功的人来说，他的“因”（思想、语言和行为）是好的，那么“果”自然也是好的；而许许多多天赋很高的人，则是因为不按照“因果”的思想行事，妄想撞撞运气而获得成功，最终使得自己穷困潦倒。

下面这个故事说的就是这么一回事。

五年前，有两个农村的人准备外出打工。一个打算去上

海，一个决定去北京。

可是在候车厅等车的时候，他们各自又都改变了主意，因为他们同时听到邻座的人议论说：上海人精明，外地人问路都收费。北京人质朴，见了吃不上饭的人，不仅给馒头，还送旧衣服。于是，那个想去上海的人想：还是北京好，挣不到钱也饿不死。而那个打算去北京的人想：还是上海好，给人带路都能挣钱，还有什么不能挣钱的？

打定主意，两个人巧合地又在退票处相遇了。原来要去北京的得到了上海的票，要去上海的得到了北京的票。

去了北京的那个人，发现北京果然好。因为他初到北京的一个月，什么都没干，竟然没有饿着。不仅银行大厅里的太空水可以白喝，而且大商场里欢迎品尝的点心也可以白吃。

而去上海的那个人，也发现上海果然是一个可以让人发财的城市。因为他只要想点办法，再花点力气，干什么都可以赚钱——带路可以赚钱，开厕所可以赚钱，甚至弄盆凉水让人洗脸都可以赚钱！而在常年的走街串巷中，他也有了一个新的发现：一些商店楼面虽然亮丽而招牌却比较黑，一打听才知道是清洗公司只负责洗楼不负责洗招牌的结果。他立即抓住这个空当，买了人字梯、水桶和抹布，办起一个小型的清洗公司，专门负责擦洗招牌。如今他的公司已有150多个打工仔，业务也由上海发展到杭州和南京。而这次，他又打算去北京考察清洗市场了。

可就在北京车站，一个捡破烂的人把头伸进软卧车厢，向他要一只空啤酒瓶，递瓶时，两个都愣住了。因为他们同时发

现：五年前，对方就是曾和自己换过一次车票的人！

这样的结果，如果你还用“运气”来解释的话，就实在太牵强了吧？一个是利用当地的特点，赚取合理的钱财，由此而彻底改变了自己的命运。而另外一个呢？很明显，他贪图消极的安身立命，而忽略了积极进取的精神。当然捡破烂也是一种谋生的方法，可是两相对比起来，这个差别未免也太大了。

其实，能把成功看成是命运安排和机缘巧合的人，要么出于谦卑，因为他已经成功；要么就是出于借口，因为他什么都不想做却渴望成功。现实生活中，很多人不相信自己，却相信捉摸不定的运气，就是害怕自己一旦因此而失败了，就找不到借口来推脱责任，于是，将一切归咎于命运。但你越是一味地相信运气会从天而降，就越会不断地拒绝身边的各种机会，不愿接受各种磨炼和考验，最后当然没有人愿意再给你任何机会。

事实上，运气，或者更准确地说是机遇，也是因果定律下的产物。好运，是你用心付出、努力前进所灌溉出来的果实；坏运，是你努力不够、好高骛远的结局。真正聪明的人，总是会把运气放在一边，抓住每个可以帮助自己更上一层楼的机会，不放过任何使自己成功的可能。

曾经担任英国航空部部长的比佛布鲁克就对这个观念深信不疑，他认为努力才是最可靠的。他讲道：“我常警告追求成功的人，不要依赖运气，没有任何想法比依赖运气更愚蠢、更不切实际。这个世界依循因果关系在运作，运气可说是不存在的。有时你以为某人成功得很侥幸，但他为成功付出的代价岂是你能体会的？” 美国文学家爱默生也说：“只有傻子才会坐以待毙相信命运。相信‘命中注定’的人是极其肤浅的，他们总是认为伟大人物所获得的名声都是碰巧而已，只是那个时刻对他有利，而在其他的时候，幸运之神可能就不会光顾他了。坚强的人相信因果，所有成功的人实际上都是因果论者。他们相信做任何事都不能仅凭借运气，而只能凭借精神，自始至终都是坚强的意志和永不放弃的精神在推动他们的进步，从而使他们在经历无数风雨后，依然获得了成功。”

天上掉馅饼的美事也许只有童话小说里才有吧，对于现实生活中的我们来说，你必须也只能相信——只有努力多一点，付出多一点，才能为自己创造成功的资本，才能在竞争中脱颖而出，为自己争取到更多的“好运气”。

所谓的失败，是你不再尝试

有人问一个正在熟练滑冰的孩子：“你是怎样学会滑冰的？”孩子如实地讲述了自己的学习过程：“跌倒了就爬起来，爬起来再跌倒再爬起来，就是这样的。”

其实，一个人的成功何尝不是这样的？跌倒不代表失败了，而若是跌倒了就站不起来了，那才代表失败了。我们大部分人的缺点，就是心中有志于成功，然而遭遇挫折之后却不肯再次努力去求得成功。

生物学家曾经做过这样一个有趣的生物学实验：他们往玻璃杯中放入一只跳蚤，跳蚤很轻易地跳了出来。再把这只跳蚤放入加盖的玻璃杯中，结果跳蚤一次次跳起，一次次被撞。最后，这只跳蚤变得聪明起来，它开始根据盖子的高度来调整自己所跳的高度。一周之后取下盖子，而跳蚤却再也跳不出来了。道理很简单，跳蚤调节了自己跳的目标高度，而且适应了它，不再改变。并非它已丧失了跳跃的能力，而是由于一次次受挫学乖了，习惯了，麻木了。

事实上，我们人类的成长过程更像是一次“跳蚤实验”。外界——包括家庭在内的——太多的批评、打击和挫折，让我们既对失败惶恐不安，又对失败习以为常。于是，我们渐渐顺从了命运，渐渐地失去了和命运抗争的勇气，渐渐地连抗争的想法都没有了，以至于我们有能力击败命运时，却依然颓丧地安于命运的摆布，不敢再去尝试。

如果不想继续做一只蹦不起来的跳蚤，现在，我们所需要做的就是再一次努力，撞破“盖子”，将一切不可能化为可能，不做命运的奴隶。也许就在这一次，成功就会走向你。

凡尔纳，作为世界闻名的法国科幻小说家而被很多人熟识，但是，却很少有人知道，他为了发表第一部作品，曾经遭受过多么大的挫折。

那是一个冬天的清晨，凡尔纳刚吃过早饭，正准备到邮局去，突然听到一阵敲门声。凡尔纳开门一看原来是一个邮政工人。工人把一包鼓鼓囊囊的邮件递到了他的手中。一看到这样的邮件，凡尔纳就预感到不妙。自从他几个月前把自己的这第一部科幻小说《乘气球五周记》寄到各地出版社后，收到这样的邮件已经有14次了。他怀着忐忑不安的心情拆开一看，上面写道：“凡尔纳先生：尊稿经我们审读后，不拟刊用，特此奉还。某某出版社。”每看到这样一封退稿信，凡尔纳心里都是一阵绞痛。这次是第15次了，还是未被采用。

那些看不起无名作者的出版社的“老爷”们，已经让凡尔纳彻底气馁。他愤怒地发誓，从此再也不写了。他拿起手稿向壁炉走去，准备把这些稿子付之一炬。

就在这时，凡尔纳的妻子赶过来，一把抢过手稿紧紧抱在胸前。此时的凡尔纳余怒未息，说什么也要把稿子烧掉。他妻子急中生智，满怀关切地安慰丈夫："亲爱的，不要灰心，再试一次吧，也许这次能遇上好运的。"听了这句话以后，凡尔纳抢夺手稿的手慢慢放下了。他沉默了好一会儿，决定接受妻子的劝告，抱起这一大包手稿到第16家出版社去碰运气。

结果，这次真的没有落空！读完手稿后，这家出版社立即决定出版此书，并与凡尔纳签订了20年的出版合同。

其实很多时候，成功与失败之间的区别就在于这第16次的努力。许多失败者的悲剧，正是因为被前15次的失败（眼前的障碍）所吓倒，他们不懂得坚持一下，不懂得排除障碍就会走出逆境，结果在成功到来之前的那一刻，自己打败了自己，也就失去了应有的荣誉，失去了成功的机会。

可是，你要知道，成功绝非一蹴而就，发现一个真理也决不会像发现树上的一只鸟那样简单。这个过程往往会失败几十次几百次甚至上千次。福楼拜在19次退稿后才发表了自己的作品；华特·迪斯尼为了实现建立"地球上最欢乐之地"的美梦，四处向银行融资，被拒绝过300多次；爱迪生在失败5000多次后发明出钨丝电灯泡……此类事例举不胜举。不轻易为挫折而退却，不实现他们的理想、目标、心愿，就绝不罢休，正是大多数成功者的共同点。

害怕挫折、不敢尝试的人是永远都不会享受到成功的乐趣的。也许我们的人生旅途上沼泽遍布，荆棘丛生；也许我们追求的风景总是山重水复，不见柳暗花明；也许，我们前行的步履总是沉重、蹒跚；也许，我们需要在黑暗中摸索很长时间才能找寻到光明；也许，我们虔诚的信念会被世俗的尘雾缠绕，而不能自由翱翔；也许，我们高贵的灵魂暂时在现实中找不到寄放的净土……但是，只要你坚持不断地去尝试，凭毅力去追求所企望的目标，最终必然会获得成功。

正如著名的思想家艾丽丝·亚当斯所说："世上没有所谓的失败，除非你不再尝试。"哪怕失败999次，我们也必须第1000次地站起来，因为很可能，这一次就是捅破窗户纸的时候。

你留的退路，大多会变成拖累你的后腿

“退路”，这是一个非常诱人的词，因为它意味着我们有“后悔”的权利，它是最好的一剂后悔药，吃下它我们就可以再来一次。因此，许多人都喜欢在做什么事之前先给自己留好退路。

其实，这种心理本身就隐含着对失败的担忧，是一种消极懈怠的想法。确实，退路可以让我们在失败时有路可退。但如果你总想着自己还有另一条路可以全身而退，那么前进的动力自然就没那么强了。因此，退路，更多的时候反而变成了牵绊一个人全力以赴的绳索。

“一个奋斗者不需要退路，他必须排除万难去争取胜利。”这是德国财经作家、百万富翁博多·费舍尔的一句名言，也是从无数成功者的事迹中总结出来的一个经验。事实上，古今中外，那些渴望成功并积极行动的人，也大多是将自己逼上“绝路”的人。

例如，我国历史上著名的典故“破釜沉舟”。秦朝末年，农民起义风起云涌。公元前207年，项羽的起义军与秦将章邯率领的秦军主力部队在巨鹿展开大战。项羽引兵渡过漳河，并且

下达命令：把所有船只都沉到河里，所有的锅碗瓢盆都打碎，连军营都烧掉，每个士兵只发给三天的粮食。这么做就是告诉所有战士：要么赢，要么死！就是在这样“不留退路”的决心下，项羽的队伍在巨鹿一战中大破秦军，项家军威震天下。

还有，公元前1世纪，恺撒大帝统领罗马大军准备进攻英格兰。英勇无畏的恺撒充满了必胜的信心，但是他的士兵一路长途跋涉，早已疲惫不堪，战斗力也减弱了不少。为了鼓舞三军将士的斗志，恺撒想了一个办法。当所有将士都抵达英格兰后，他命人将运送的船只全部聚在一起，然后在全军将士的面前将这些船只一把火烧掉。在冲天的火光映照下，错愕的士兵们听到他们的统帅振臂高呼：“我亲爱的士兵们，你们已经看到，现在我们所有的船只都已被烧掉。这就是说，我们已经没有任何退路，除非我们能够将敌人打败，士兵们明白了，他们没有退路了，他们必须成功，否则只能等死。于是这支军队在恺撒的带领下，一路向前。奋勇作战，最终获得了战争的胜利。

没有了退路才会尽自己最大的努力向成功前进，所谓“置之死地而后生”就是这个道理。一个人一旦有了这样的意志和勇气，就没有什么能够阻挡他走向成功了。

然而，在现实生活中，我们却更多地接受到“留后路”的教育。例如，当我们想轰轰烈烈开创一番自己的事业时，父母会说“不要盲目地把工作辞了，在单位办个停薪留职多好，要是日后干得不好，也有一个退路。”那些听从了父母建议的人，每到关键时刻，总在心里对自己说，失败没有关系，至少，我还有退路。他们总是寻找着各种借口，使自己不愿投入所有的精力，甚至于对当初所设定的目标做出种种否定。结果呢？终会因一事无成，又回到单位。而那些果断辞职的人，虽然几经沉浮，却往往可以打出自己的一片天地。也许你还曾为自己留了退路而感到欣慰，可是你怎知，如若没了这条退路，我们的生活不能更为精彩？

我们都知道，成功的关键，是开发自身的潜能；而要想开发我们的潜能，则必须有坚定的信念、坚强的意志、伟大的决心；而一个人意志最坚定的时候，就是在绝境或没有退路的时候。美国杰出的心理学家詹姆斯的一项研究就表明：一个没有受逼迫和激励的人仅能发挥出潜能的20%～30%，而当他受到逼迫和激励时，其能力可以发挥80%～90%，相当于前者的3～4倍。许多有识之士不但在逆境中敢于背水一战，即使在一帆风顺时，也采用切断后路的强烈刺激，就是为了使自己在通向成功的路上立起一块块胜利的路标。

美国灾难大片《2012》相信很多人都看过，影片中有这样一个情节：老爸在黄石公园限行区的栅栏外，将女儿的帽子扔进栅栏里，对孩子们说帽子掉里面该怎么办呢，老爸的用意是让孩子们翻过栅栏去捡帽子。这其实和一句谚语有关——“面对一座高墙，却没有勇气翻越时，不妨先把自己的帽子扔过去。”因为，一旦把帽子扔到高墙那边，人就会打消一切疑虑，全力以赴地攀墙而过，也可以说，只有把后路切断，你的思维就会全部集中在“如何成功”而非“可能失败”上。只有在这种情况下，你才可能想出办法来。

其实，人生本身就是一场没有退路的旅行，除了勇往直前，没有更好的方法以最快的速度到达目的地。事情没做之前就替自己设计千百条退路，这只会为你的逃避提供借口。把自己逼到无路可退时，你才没有了左顾右盼，没有了瞻前顾后，你的注意力会有力地集中起来，逼迫自己向前、向前，永远向着自己的目标前进。在本能的驱动下，你会发出几十倍的威力，终有一天会创造出一个又一个的奇迹。

当然，不给自己留后路，并不容易，这需要很大的勇气。有时候我们会不知所措，甚至眼泪不禁夺眶而出。但哭过以后，一定要保持清醒，树立新的勇气，下定决心，继续前进。也许现在你还很平凡，没有取得你期待的成功，但只要坚持下去，明天你可能就会变得不同凡响。

4

若不自我设限，人生就不会受限

——你对待生活的心态，决定你活着的状态

有什么样的心态，就有什么样的命运

你有没有想过，现在你生活的方向以及发生在你身上的每一件事情，实际上都是由此刻你大脑里正在进行的思维或者说你的心态所决定的，无论它们是积极的还是消极的、建设性的还是危险的。

心态真的这么重要吗？

确实如此。成功学的始祖拿破仑·希尔就曾经说过这样一句话："一个人能否成功，关键在于他的心态。成功人士与失败人士的差别就在于成功人士有积极的心态，而失败人士则习惯于以消极的心态去面对人生。"

其实，生活对于我们每个人来说都是相对公平的，然而就是因为我们所操持的态度不同，命运也就因此而不同，有些人消极地应对生活中的一切，逆来顺受，忍气吞声，从而裹足不前，结果棱角磨平了，锐气丧失了，心中的理想也就成了泡影。而另外一些人善于从失败的阴影中走出来，用最积极的思考、最乐观的精神和最辉煌的前景支配和控制自己的人生，当然会成功。

青年莱科自从得知自己将要参加最危险的海军陆战队后，每天都一副忧心忡忡的样子。他觉得自己的生命好像交给了别人，自己随时都会有闭上眼睛的那一天，这是他无法接受的，于是他心生绝望。

爸爸见到此状，决定和莱科聊聊天。他对莱科说："孩子，其实你没必要这样的。要知道，到了海军陆战队，你有可能会被留在内勤部门，那样的话你就完全用不着担惊受怕了，那些工作都是很轻松的。"

爸爸的话并没有让莱科放松，他说："爸爸，去哪个部门也不是我自己选的啊！要是我被分配到了外勤部门呢？在外勤部门不仅需要出去作战，而且所面对的各种环境也是非常恶劣的。"

爸爸笑着说："那也没关系。即使去了外勤部门，你还是有两个选择，一个是留在美国本土，另一个是分配到国外的基地。如果你被分配到美国本土，这跟待在家里没有什么区别，又有什么好担心？"

"要是我去了国外呢？"莱科继续问道。

"这样啊，那你还是有两个机会。第一个，被分配到和平而友善的国家；第二个，被分配到不和平也不友善的地区。如果是前者，那么爆发战争的概率是很小的，约等于零，你就什么事情都不会有。"

莱科着急地说："可是，我要是真的去战争地区了呢？那我不就完蛋了吗？"

"这怎么可能？如果你留在总部，而不是上前线，那么也不会有事。”

“那我要是上前线了，这该怎么办？假设我还受了伤，那我以后该怎么生活？”

“受伤也分程度的。也许你只是轻伤，根本无碍的。”

莱科还是不满意，说：“那要是不幸身负重伤呢？”

“那很简单，要么保全性命，要么救治无效。如果还能保全性命，你还担心什么呢？”

莱科最后问道：“天啊，要是救治无效，那我该怎么办啊！”

爸爸听完，大笑着说：“这更简单了。你人都死了，还有什么可担心的呢？更何况，如果你真的死了的话，你就是国家的英雄，很多人会赞扬你、崇拜你。要知道，这样的荣誉不是每个人都有幸拥有的。”

于是，莱科豁然开朗，充满信心和希望地参加了海军陆战队。他先被分配到了外勤部门，然后又被分配到了战争地区，还成为前线上的一名先锋……面对这些安排时，莱科总相信后面有好的事情，于是欣然接受。

结果呢？在这种心态的引导下，莱科不再患得患失，而是作战英勇、屡建战功，获得了一等兵的荣誉。在作战过程中，他先后受过几次伤，不过并无大碍。鉴于其优秀的表现，现在莱科已经被提拔为重点军校的一名军官。

所以我们说，人有什么样的心态，就会有什么样的生活和命运。一个人命运的好坏总是与他的主观态度和心理定位有关的——它在很大程度上取决于我们自己而不是外在环境。比如，乐观的人在问题中看到方法，悲观的人却只看到可能即将到来的失败。与此同时，命运的结果又存在某些不可抗力——比如战争、疾病、市场或政策环境等。但在这些不可抵抗的大势面前，却仍然需要“尽人事”，因为如果你不认命，做出反抗，那么环境的引力就会被你迸发出的逃逸力量扭曲，你就有机会改变环境，颠覆命运。

事实上，在这个世界上，很多人都没有得到生活的恩惠，却依然活得精彩，就是因为他们学会了在不幸的生活中去改变自己的心态。正如美国著名的心理学家威廉·詹姆斯所说：“我们这一代人最重大的发现是：人能改变心态，从而改变自己的一生。”只要我们能够以乐观的态度对待命运，命运也就不是那么可怕的东西了。不管生活以怎样的形态来光顾我们，你始终都要相信：经过我们的努力，它终将是美好的。只要你把成功的渴望传输给潜意识，并满怀期待、由衷相信，从“注定”到“改变”转化的过程终将发生。你的信心、你的信念，正是主宰潜意识行动的因素。当你对潜意识进行暗示的时候，没有人能够阻挡你去“欺骗”你的潜意识，我们都可以化失败为胜利。

总之，既然幸运女神不肯照顾，那么就请你从挫折中吸取教训，好好利用，摆脱消极的心态，积极寻找一切能助你成功的方法，那么，你终会惊喜地发现，当你能够左右自己的心灵时候，你同样也能左右自己的行动，从而达到成功，拥有属于自己的一片天空。

别人的成功不是你自我贬低的理由

我想每个人都会承认，世界上总有比我们更成功的人。他们的能力、财富、权势、运气等等，从某种意义上来说，也可以让我们更加全面地认识自我，通过与成功者的比较，我们能够了解自己的缺点和长处，从而提高自己、完善自己。

但是，如果控制不好，却会变成伤害自我的致命武器——盲目羡慕他人的成功，贬低自己的价值，正是许多悲剧的根源所在。

麦克斯·威尔医师在罗斯福执政期间，曾负责为总统夫人的一位朋友做过一个手术。事后，罗斯福夫人很感激他，邀请他到白宫去做客，并留他在白宫过了一夜。

麦克斯·威尔感到无比荣幸，他在心里对自己说："麦克斯，你真的来到白宫了，这是多少人梦寐以求的事情啊！"而且，当他听说他现在所在的房间隔壁，就是林肯总统曾经睡过的房间时，激动地一夜没有睡意，他不停地用白宫的文具和纸张写信给母亲、朋友……

第二天一早，当他下楼用早餐时，总统和夫人已经等在那里了。麦克斯·威尔吃着盘中的炒蛋，心里想着回去以后该如何向自己的家人和朋友描述这个美好的情景。

但是接着，问题出现了。因为仆人又送来了一托盘的鲑鱼，而他什么都吃，就是从不吃鲑鱼，因此畏惧地对着那些鲑鱼发呆。

这时，罗斯福夫人向他微笑，指着总统先生说："他很喜欢吃鲑鱼。"麦克斯考虑了一下，心想："我是什么人？怎么能怕鲑鱼？总统都觉得好吃，我就不能觉得很好吃吗？"

于是，他装出爱吃的样子，大着胆子切着鲑鱼，并混着炒蛋一起吃了下去。结果，当天下午他就开始浑身不舒服了，一直到晚上仍然非常想呕吐。

后来，麦克斯一直思索，这件事有什么意义呢？他在著作《心灵的慧剑》中写下了自己的感想："很简单，其实我一点也不想吃鲑鱼，而且根本也不必吃，但是我为了附和总统而背叛了自己。虽然这是件小事，很快就过去了，可是换个角度想，这不正是许多人为了成功最常碰到的陷阱之一吗？"

其实，麦克斯的痛苦也正是他的自卑带来的。然而，现实生活中，我们也往往避不开这一"陷阱"。例如，睡在你上铺的和你成绩差不多的兄弟顺利考取了研究生，而你却落榜了，或者小时候与你一起玩耍的哥们儿这几年做生意发了财，而你还在拿着不痛不痒的死工资熬日子……这些事情恐怕就很难让你心平气和了吧，也许你会为了争一口气而再次加入考研大军，也许你会为了像你小时候的玩伴一样风光地买车买房，也去下海经商。你大概很少去考虑，考研到底是不是自己现在的最佳选择，下海经商是不是你所擅长和喜欢的。

其实这时候，你只是在拿别人的衡量标准来衡量自己。如果你的尝试成功了则好，一旦失败了，就会严重挫伤你的积极性，甚至会使你变得怨天尤人、自暴自弃。

事实上，上帝并没有创造一个标准的人，他使人类有个别独特之分，犹如他使每一片雪花有个别独特之分一般。所以你也无须向别人看齐，更不要拿别人的标准来要求自己，那只会适得其反。有人就曾直言不讳地说："不要痴迷于从阅读成功人士的传记中寻找经验。这些书大部分经过精致包装，很多重要事实不会告诉你，盖茨的书不会告诉你他父母是IBM董事，是他们为儿子促成了第一单大生意；巴菲特的书只会告诉你他8岁就知道去参观纽交所，但不会告诉你是他国会议员的父亲带他去的，由高盛董事接待的。"

正如俄国19世纪伟大的作家契诃夫说过的一句话：世界上有大狗叫，也有小狗叫，无论是大狗还是小狗，它们都有叫的权利。与那些杰出的大人物相比，我们可以普通，但绝不卑微。无论是在学习上，还是生活中，每个人都要在强烈的竞争环境中客观对待自己。其实用自己的标准来衡量自己，我们每个人都是成功者！

神奇的自我暗示有助实现理想

每个人的意识中都有一个理想的、积极的自我形象，但这个理想和积极的自我形象，并不是总能指导和主宰自己的行为。因为，它常常会受到另一个消极的、瞬息万变的自我形象的干扰。前者不怕困难，勇往直前；后者遇事畏缩，自卑畏难。

而你意识中的这两个形象，其实有一个共同的源泉，那就是——自我暗示。自我暗示是人类独有的心理活动，它是人意识思想的发生部分与潜意识的行动部分之间的沟通媒介。它是一种启示、提醒和指令，它会告诉你注意什么、追求什么、致力于什么和怎样行动，因而它能支配影响你的行为。

下面我们就来看看自我暗示在这个年轻人身上发生了什么。

有一位看起来非常沮丧的年轻人跑去找咨询专家，他自称是一名人寿保险推销员，曾经在第一年中屡创纪录，但是后来却严重衰退——他的支出账单在继续增加之中，但是佣金收入却寥寥无几。他发现自己陷入困境：他愈需要佣金，愈赚不到；愈想要促成生意，愈无法成交。他说：“这到底是为什么呢？我甚至乞求别人保险呢！可见我是多么想争取生意了！”

专家很快就看清了问题的关键所在，他要这位年轻人尽量往繁荣兴旺的方向思考，停止住贫穷的方向思考，要使自己深信“即使在财务面临破产的境地，但是在其他方面仍是非常富裕”。诸如“我的能力很强”“我的野心很大”“我的机会很多”等等。

结果呢？真是令人十分惊异！在不到一周的时间内，他就又得到很高的保险额了，恢复以前那种高收入了。

一个月以后，他又跑去找专家。“我要让你看一些东西。”他打开公文包，取出一件东西，并且对他说：“请看看在我办公室中，用镜框镶起来的是什么呢？”以下就是他用镜框镶的一些文字：“我很富裕，我的能力很强，我的野心很大，我的机会很多，而且我的家庭充满了爱。”

我们可以发现，我们的情绪确实有某种“独立自主”的能力，它有时候可以“凌驾”于现实之上。正是那些向往富裕的积极的自我暗示使这个年轻的人寿保险推销员走出了困境，获得了成功。

自我暗示的力量真的有这么神奇吗？

我可以用一位著名心理专家的话来回答你：“你完全可以运用心灵的力量，来决定你的生或死。甚至，如果你选择活下去，你还可以决定自己要什么样的生活品质。”

或者，我也可以用“二战”时一个残酷的实验来告诉你：“二战”时，凶残的德军将一个战俘四肢捆绑，蒙上双眼，搬动器械，告诉战俘要把他的血放光。然后在他的手腕处施加一点刺痛，再用水龙头一滴一滴地放水，发出不断的滴答声。他们也许只是想捉弄他，但是想不到的是，过了一段时间，这个战俘竟然真的死了。当时并没有任何致命的措施施加给他，那他为什么会死呢？

这就是自我暗示发生的作用：耳听血滴之声，想着血液行将流尽——死亡的恐惧，瞬时间导致肾上腺素急剧分泌，心血管发生障碍，心功能衰竭，最终导致自己死亡。

可以说，一个人的意识就像一片肥沃的土地，而自我暗示就是在其中播撒种子。一个人可以经由积极的心理暗示，把成功的种子和创造性的思想输入潜意识；相反，也可以通过消极的暗示或破坏性的思想，使潜意识里“野草丛生”。我们给自己的意识里输入什么样的心理暗示，就会相应地影响到我们的实际行为。

因此，如果想要获取成功，你必须要将自己思想中那些消极的、充满失败感的想法用积极阳光的、成功进取的想法来替换。因为我们的潜意识在同一时间内只能主导一种感觉，一个极其正面的思想反复地灌输给大脑中的潜意识，原来的思想就会慢慢地衰弱、萎缩，新的思想会占上风。就像一张光盘上录上新的音乐，原来的内容就被替换掉一样。

这就要求我们，在日常生活中提醒自己时不要强调负面结果，而要把不好的事情轻描淡写地带过。例如，我们总是不经意地给自己一些这样的提醒：“昨天就在这儿摔倒了。”“这段路是事故多发地段。”越是这样，我们越容易紧张，紧张又使我们手足无措，无法发挥正常水平。如果用些鼓励提醒的话，比如“走稳些就没关系”“要减慢点速度了”等等，给自己一些积极的引导，“事实”也会向你所暗示的方向发展。

那么，你不妨在早晚醒后睡前的时间，躺在床上，每次花上几分钟，身体放松，进行一下自我心理谈话——描述自己的天赋和能力，想想你成功的景象。经常用简短的语言给自己积极有力的暗示，比如考试前，反复告诉自己“我能行”；生病时，反复提醒自己“没什么，我身体很棒”；失败时，反复对自己说“我依然是我，明天又是新的一天”……这样，你就会产生积极信念，进而让你对它们坚信不疑。同时，这种积极的自我暗示还需要不断地、重复地进行。重复，会使最难的事（成功）变得容易，使鉴别能力和第六感觉更敏锐，还会使潜意识工作更精确，于是我们自然而然就会取得成功。

另外，我们还可以在自己四周放置一些书籍、图片和座右铭等等，作为自我暗示的工具。你还可以将听到和读到的鼓励字句记在笔记本上，或者在路上或开会时迅速地书写几句励志的话语，都会给你的精神注入一股力量，反复暗示自己就会增加你的活力和效率。

其实，你远比自己想象中的更优秀

优秀的人并不一定样样都比别人强，他们只是对自己已有的一切优点都很满意，他们相信自己是优秀的，于是他们就真的变得很优秀了。也就是说，人的成功，并不取决于你是否美丽，是否富有，是否聪慧，而是取决于一种生活态度，只要你相信自己足够优秀，你就可以比想象中更优秀，从而更加卓然于世。

古希腊的大哲学家苏格拉底在风烛残年之际，知道自己时日不多了，就想考验和点化他的那位平时看来很不错的助手。他把助手叫到床边说："我的蜡所剩不多了，得找另一根蜡接着点下来，你明白我的意思吗？"

"明白，"那位助手赶忙说："您的思想光辉将会很好地传承下去……"

"可是，"苏格拉底慢悠悠地说："我需要一位最优秀的承传者，他不但要有相当的智慧，还必须有充分的信心和非凡的勇气……这样的人选直到目前我还未见到，你帮我寻找和发掘一位好吗？""好的，好的。"助手尊敬而温顺地说："我一定竭尽全力地去寻找，绝不辜负您的栽培和信任。”

苏格拉底笑了笑，没再说什么。那位忠诚而勤劳的助手，不辞辛劳地通过各种渠道开始四处寻找开了。可他领来的一位又一位人选，总是被苏格拉底一一否决。有一次，当那位助手再次无功而返地回到苏格拉底病床前时，病入膏肓的苏格拉底硬撑着站起来，扶着那位助手的肩膀说：“真是辛苦你了，不过，你找来的那些人，其实还不如你”。

“我一定加倍努力，”助手言辞恳切地说：“找遍城乡各地和五湖四海，我也要把最优秀的人选挖掘出来，举荐给您。”

苏格拉底笑笑，不再说话。半年之后，苏格拉底眼看就要告别人世，可是最优秀的人选还是没有眉目。助手非常自责，哭着说：“我真对不起您，令您失望了！”

“失望的是我，对不起的却是你自己。”苏格拉底说，“本来最优秀的就是你自己，只是你不敢相信自己，才把自己给忽略、耽误、丢失了……其实，每个人都是最优秀的，差别就在于如何认识、发掘和重用自己……你为什么半年来都不给自己一次机会呢？”苏格拉底说到这里，很遗憾地闭上眼睛，永远离开了这个世界。

现实生活中，很多人就像故事中的那个助手一样，不相信自己是最优秀的，把自己忽略了、耽误了、丢失了。为了不重蹈那位助手的覆辙，我们每个人都应该牢记先哲的这句至理名言：“最优秀的就是你自己！”

不管我们的情况多么糟糕，或是沉沦在多么低下的地位，只要我们学会认识自我、肯定自我，自身的价值就会被挖掘出来。相信自己，就总会有好的结果。而这也确实就是成功者所具备的素质。

因此，我们不妨从此刻起，保持对自己充足的信心，相信自己而不是怀疑自己、低估自己。唯有如此，才能实现理想的自我，使自己成为命运的宠儿，从而赢得出色的人生，才能创造出辉煌的人生奇迹。

这里提供几个跨越自卑的方法，希望对你有所帮助：

第一，正确归因。你不能因为一次失败，就认为自己不行。要知道自己的这次失败可能有很多原因，比如天气、时间、运气、身体等，不一定是能力不足造成的，更不要耿耿于怀和自己过不去。

第二，自我激励。人有时或多或少会自卑，此时精神上一般都比较敏感脆弱，经不起挫折的打击。所以不妨“阿Q”一下，培养自己自我满足、知足常乐的良好心态。

第三，转移注意。当自己处于劣势时，可以“移情别恋”，通过有意转移话题、改做别的事情的方式来分散自己的注意力。也就是将注意力转移到自己感兴趣的、也最能体现自己才能的活动中去，建立新的兴奋点，以淡化和缩小短处（弱项）在心理上造成的自卑阴影，减缓、化解内心的压力。

第四，积极暗示。当遇到某些情况而感到信心不足时，可以用语言暗示：“你行，我也行！”或者像体育健儿那样大吼一声，还可以回想由于自己努力而成功的事例，或者合理想象将来取得成功后的兴奋，从而激发自己改变现状的决心。

第五，客观认知。尺有所短，寸有所长，正确认识、评价自己，客观地分析自己的短处（弱项）和长处（强项），牢记上帝为你关闭一扇门的同时，一定为你打开了一扇窗。千万不要由于自己的某些不如人而看不起自己。

不要活在别人嘴里

有一个小和尚非常苦恼沮丧，禅师问他何故，他回答："东街的大伯称我为大师；西巷的大婶骂我是秃驴；张家的阿哥赞我清心寡欲，四大皆空；李家的小姐却指责我色胆包天，凡心未了。究竟我算什么呢？"

禅师笑而不语，指指身边的一块石头，又拿起面前的一盆花。

小和尚恍然大悟。

其实，禅师的笑而不语，正是一语道破了生命的本义。他的意思是说，石块就是石块，花朵就是花朵，自己就是自己，根本不必因为别人的说三道四而烦恼，别人说的，由别人去说，那只是别人的看法而已。

然而，大多数时候，我们却都像那个小和尚一样，很容易被别人的言语、眼神、手势……搅扰我们自己的心。例如当我们想做一件事情的时候，首先想到的不是成功，而是先想到如果失败了"别人将会怎么看？"这实际上是一种最普遍而且最具自我毁灭性的心理状态。这种"别人"式的想法是一种强而有力的锁链。它不仅会伤害你的创造力和人格，还有可能把你原有的能力破坏殆尽，使你永远只停留在原地。我们一定要按照自己的意志生活：既不要在意别人的闲言碎语，也不要在乎恶意中伤的话，更不要太在意那些好心的劝告。只要自己认为是对的，就要坚持走下去。

美国作家阿尔伯特·哈伯德在他的畅销书《致加西亚的信》中曾写道："任何人，做任何事，肯定都会受人批评、诋毁、误解。这是追求卓越所付出的代价，每一个伟人都明白这一点，也明白卓越是无可证明的。卓越的最终证明是：能够毫无怨恨地忍耐到底。"

事实上，纵观历史，我们也会发现，那些优秀的人，正是在被人嘲笑、讥笑、质疑和误解中坚守自己的人。例如：

著名演员佛雷·亚当斯于1933年第一次去试镜时，米高梅公司的试镜导演在备忘录上写着："不会表演，有点秃头，只会跳一点舞"；

美国职业足球教练文斯·伦巴迪当年曾被批评"对足球只懂些皮毛，缺乏斗志"；

哲学家苏格拉底曾被人贬为"让青年堕落的腐败者""不讲道德专事败坏年轻人心智的人"；

贝多芬学拉小提琴时，技术并不高明，他宁可拉他自己作的曲子，也不肯做技巧上的改善，他的老师说他绝不是当作曲家的料；

歌剧演员卡罗素美妙的歌声享誉全球，但当初他的父母希望他能当工程师，而他的老师则说他那副嗓子是不能唱歌的；

牛顿在小学时成绩一团糟，曾被老师和同学称为“呆子”；

《战争与和平》的作者托尔斯泰谈自己大学时因成绩太差而被劝退学，老师认为他“既没读书的头脑，又缺乏学习的兴趣”；

更有人说亚伯特·爱因斯坦：“他不穿袜子，忘了理发，很可能是白痴。”

……

如果这些人不尽力唱出自己的声音，而是被别人的评论所左右，怎么能取得举世瞩目的成绩呢？

说实话，人人都希望自己被人理解、被人接纳。但是，你必须要知道，无论你付出了多大的努力，即便你做得近乎完美，就算你在奥运会上拿了金牌，就算你已经是世界级的明星了，也会有人不喜欢你，还会有人向你发出嘘声，甚至扔臭鸡蛋。因为每个人都有自己的喜好、想法和观点，我们不能强求他们保持统一的思想。因此，我们也完全没有必要因为任何人而改变自己的想法与做法。

让我们再来看看美国著名女演员索尼亚的故事。

索尼亚小时候在渥太华郊外的一个奶牛场附近的一所小学里读书。一天，她满脸泪痕地跑回家，父亲问其原因。她断断续续地说：“班里的同学说我长得丑，还说我跑步的姿势难看。”父亲听后并不说话，只是微笑。忽然父亲说：“我能摸得着我们家的天花板。”索尼亚听后觉得很惊奇，不知父亲想说什么，停止了哭声反问道："你说什么？"父亲又重复了一遍："我能摸得着我们家的天花板。"索尼亚仰头看看天花板。父亲能摸得到将近4米高的天花板？她怎么也不相信。父亲笑笑，得意地说："不信吧？那你也别信你同学的话，因为有些人说的并不符合事实！"索尼亚明白了，原来父亲是想告诉她：任何事，都不能太在意别人说什么，要按自己的想法去做。而这也成为她以后人生中的一个重要信条。

二十四五岁的时候，已小有名气的索尼亚，有一次要去参加一个集会，但经纪人告诉她，因为天气不好，只有很少的人参加这个集会，会场的气氛有些冷淡。经纪人的意思是，作为新人的索尼亚，应该把时间花在一些大型的活动上，以增加自身的名气。索尼亚坚持要参加这个集会，因为她在报刊上承诺过要去参加。结果，那次在雨中的集会，有了索尼亚的参加，渐渐地，广场上的人越来越多，她的名气和人气因此骤升。

是的，任何事，都不能太在意别人说什么，要按自己的想法去做！

其实，嘴长在别人身上，你若想要别人在你背后不谈论你，除非你是隐形人，或者你和大家都没有利害关系和冲突。事实上这是不可能实现的。那么，你唯一能做的，就是不要理会这些"酸风醋雨"。而且，也许你的家人、同事、领导会说你的能力就那样，但其实他们并不了解你。19世纪美国最伟大的浪漫主义诗人朗费罗就曾经说过："我们根据自己认为能做到的事，来判断自己的能力；别人则根据我们已做的事，判断我们的能力。”所以，我们不应该由别人、社会来规划我们的生活，别人往往会错估我们的生活，我们要自己规划自己的生活，自己去寻找发挥自己才能的机会，去寻找激发自己潜能的场所。

正如一句名言：“走自己的路，让别人说去吧！”总之，只要认为自己做得对，做得问心无愧，就不必在意别人的看法，不必去理会别人如何议论自己的是非，把信心留给自己，永远向着自己追求的目标，执着地走自己的路。

若不自我设限，人生就不会受限

绝大多数人一遇到事情，还未曾仔细思量这个事情的困难程度到底如何，就预先在自己心底放下了栅栏——“那是不可能的！”“这事不靠谱儿！”“哪有这回事？怎么可能？”“算了吧！别试了！”“这样的好事怎么可能轮到我？一定有问题！”“这么大的项目，怎么谈得成？”“这个客户很固执，这桩生意不可能谈成！”“形势这一变，事情一定泡汤了！”……这种种不可能，其实都是我们自己给自己设下的无形障碍罢了！也正是这种无中生有的无形障碍，使我们裹足不前，错过了许多我们本来应该去做，而且能够做好的事。

其实，尤其是在我们开始做任何新事情、开拓新领域时，有恐惧心理很正常，它使我们意识到我们需要准备应付或逃避某些事情了。从积极的意义上来说，对某些事物或情景合情合理的恐惧，可使人们更加小心谨慎，有意识地避开有害、有危险的事物或情景，以更好地保护自己，避免遭受挫折、失败和意外事故。

然而，对待恐惧心理的态度，却将成功的人和不成功的人彻底区分开来。不成功的人往往会接受大脑发出的下意识命令——阻止你去碰眼前的这些事——从而放弃所有的努力；而成功的人则是承认内心恐惧，但同时也会努力找出自己产生恐惧的原因，以此决定他们能为前进道路上将要面临的挑战做出怎样的准备。他们决定采取一定的行动，使自己尽量感到充满竞争力和信心。

1968年春天的一个早晨，罗伯·舒乐博士的头脑中突然闪现出一个想法——在加州建一座用玻璃造的水晶大教堂。这在当时，是几乎不可能实现，因为他的口袋里没有一分钱。但是，自从这个想法在他的头脑中闪现便深深地扎了根，他的渴望越来越强烈。他向著名的设计师菲力普·强生表达了自己的构想，并坚定而明快地告知："我现在一分钱也没有，但是不管做多少预算，你只要把教堂设计得有足够的魅力，我就能找来足够的捐款。因为我深信，我在中学时代一位老师说的话：'只要你有梦想，又肯抬脚走，那么你的脚肯定比山高。'"

尽管强生觉得他简直是个疯子，不过，他也承认舒乐博士的确是在做了不起的事。几个月精心的设计之后，一座美轮美奂的教堂的图纸终于出现在了纸上，而且，教堂最终的预算数目也足够惊人，700万美元——这在当时，简直是一个天文数字。

当天夜里，舒乐博士拿出一张白纸，在上面写上"700万美元"几个字，然后又写下10行字：

一、寻找1笔700万美元的捐款；

二、寻找7笔100万美元的捐款；

三、寻找14笔50万美元的捐款；

四、寻找28笔25万美元的捐款；

五、寻找70笔10万美元的捐款；

六、寻找100笔7万美元的捐款；

七、寻找140笔5万美元的捐款；

八、寻找280笔25000美元的捐款；

九、寻找700笔1万美元的捐款；

十、卖掉10000扇窗，每扇700美元。

60天后，舒乐博士用水晶大教堂奇特而美妙的模型打动富商约翰·可林捐出了第一笔捐款——100万美元。第65天，一位听了舒乐博士演讲的农民夫妇，认购了一扇窗子——1000美元。90天的时候，一位被舒乐孜孜以求精神所感动的陌生人，在他过生日的当天，突然想帮助一个人，于是，他寄给舒乐博士一张100万美元的银行支票。8个月后，一名捐款者对舒乐博士说："如果你的诚意与努力能筹到600万美元，剩下的100万美元由我来支付。"第二年，舒乐博士以每扇500美元的价格请求美国人认购水晶大教堂的窗户，付款的办法为每月50美元，10个月分期付清。6个月内，一万多扇窗子全部销售一空。

1980年9月，前后一共经历了12年的时间，一座可容纳一万多人的水晶大教堂终于竣工，成为世界建筑史上的奇迹与经典，同时，也成为加州一处独特的风景，现在，它吸引了世界各地的游客前往加州去瞻仰玻璃教堂的胜景。

而且，更加令人瞠目结舌的是，水晶大教堂最终的造价为2000万美元，大大地超过了当时建筑师的预算，但是，这样一笔巨大的款项，竟然全部都是舒乐博士一点一滴筹集而来的。

可见，只要敢于去做，也就没什么不可能的事了。只有你不去努力，不可能才永远都是不可能。就像现实生活中的我们，很多人不敢去追求梦想，并不是因为自己的能力不够，而恰恰是因为自我设限。在自我设限的时候，人往往就在潜意识里给自己下了一个消极的论断：这件事我不可能做到。由此形成了一种消极的心态，对这些事情望而却步，结果自然是做不成了。

可是想想看，你的困难真的有建一座水晶大教堂这么难吗？如果没有，你还有什么理由缩手缩脚？其实很多时候，我们的恐惧都是自己吓唬自己。怕了一辈子鬼的人，一辈子也没见过鬼。可以说，世上根本没有什么事能真正让人恐惧，恐惧只不过是人心中的一种无形障碍罢了。不少人碰到棘手的问题时，习惯设想出许多莫须有的困难，这自然就产生了恐惧感，但只要你敢于大着胆子去干，就会发现，即使最坏的结果，也绝不会比你想象的更可怕。

有位推销员因为常被客户拒之门外，慢慢患上了“敲门恐惧症”。他去请教一位大师，大师弄清他的恐惧原因后便说：“假设你现在站在即将拜访的客户门外，然后我向你提几个问题。”

推销员说："请大师问吧！"

大师问："请问，你现在位于何处？"

推销员说："我正站在客户家门外。"

大师问："那么，你想到哪里去呢？"

推销员答："我想进入客户的家中。"

大师问："当你进入客户的家之后，你想想，最坏的情况会是怎样的？"

推销员答："大概是被客户赶出来。"

大师问："被赶出来后，你又会站在哪里呢？"

推销员答："就——还是站在客户家的门外啊！"

大师说："很好，那不就是你此刻所站的位置吗？最坏的结果，不过是回到原处，又有什么好恐惧的呢？！"

推销员听了大师的话，惊喜地发现，原来敲门根本不像他所想象的那么可怕。从这以后，当他来到客户门口时，再也不害怕了。他对自己说："让我再试试，说不定还能获得成功，即使不成功，也不要紧，我还能从中获得一次宝贵的经验。最坏的结果就是回到原处，对我没有任何损失。"这位推销员终于战胜了"敲门恐惧症"。由于克服了恐惧，他当年的推销成绩十分突出，被评为全行业的"优秀推销员"。

敢于做自己害怕的事，害怕就必然消失了！其实很多时候，成功就像攀爬铁索，失败的原因不是智商的不足，也不是力量的单薄，而是威慑于自己的无形障碍，被铁索周围的外在现象吓破了胆。如果你想达到成功的山顶，那就从现在开始，消除“我不可能做到”的念头，擦去“我不敢去做”的想法。无论遇到什么样的难题或困难，多向自己提提“能否变不可能为可能”这个问题——不再简单地去看待那些“不可能”“不可行”“做不到”，而是在任何时候、任何情况下都努力地寻找可能性。当你把关注点从“不可能”转移到“有可能”上面时，就已经迈出了关键的一步，就获得了一种尝试的能量，一种自我突破的能量。那么，也许“不可能”就会变成“可能”了！

你的思想和你所面对的现实从来都是一致的

在美丽的大自然中，有人为绚丽多彩的百花而欣喜，有人却为杂草害虫而担忧。同样的半杯水，有人为还有半杯水而庆幸，有人却为只剩这半杯水而叹息。

这其实就是注意力的控制问题。其结果呢？当然也是不同的。

如果注意到的都是很好的地方，就会得到很好的结果，如果注意力在不好的地方，你就得到一个很不好的结果。比如，现实中不乏这样的例子：一个人如果认为人生道路充满陷阱，出门怕摔倒，坐车怕交通事故，交朋友怕上当，那这个人所处的现实就是一个危机四伏的现实，稍有不慎，就真的会惹祸。又比如：一个人如果认为这个世界很多人都是讲义气的血性之人，那这个人就总会碰到跟他肝胆相照的朋友。

究其原因，因为人都是选择性地看世界，人只看得见和留意自己相信的事物，对于自己不相信的事物就不会留意，甚至视而不见。你的感觉、你的思想和你所面对的现实，他们之间从来都是一致的。所以人所处的现实是人的心念吸引而来的，人也被与自己心念一致的现实吸引过去。这种相互吸引无时无刻不在以一种人们难以察觉的、下意识的方式进行着。

不知道你有没有听说过日本首富孙正义的故事：

孙正义两三岁的时候，父亲一再告诉他："你是天才，你长大以后会成为日本首屈一指的企业家。"

在孙正义六岁的时候，他就这样跟别人做自我介绍："你好，我是孙正义，我长大以后会成为日本排名第一的企业家。"孙正义每一次自我介绍都加上这一句话，直到他后来成为日本首富。

孙正义给自己制定的个人蓝图：

19岁规划人生50年蓝图。

30岁以前，要成就自己的事业，光宗耀祖！

40岁以前，要拥有至少1000亿日元的资产！

50岁之前，要做出一番惊天动地的伟业！

60岁之前，事业成功！

70岁之前，把事业交给下一任接班人！

他是这么规划的，也是这样实施的，并且最终这位后来的日本首富成功做到了。

可见，正确地使用你的意识，就可以将自己想要的东西吸引过来为你所用。当然，这毕竟不是魔法，你肯定不能仅仅通过幻想就得到物质财富、实现个人理想。但在付出同等努力的情况下，如果你善于调控你的注意力，那么实现你理想的可能性就会增大。

一般来说，能让我们自我否定的事情，通常都与自己的切身利益有很大关系，要快速将它遗忘常常是很困难的。所以，单靠消极地躲避并不可行，更有效的办法是进行积极地转移，即设法使自己的思绪转移到更有意义的方面去。

这是因为心理学上有一条基本的定理：“不论一个人多么聪明，他的思想都不可能在同一时间去想一件以上的事情。”我们可以做一个实验来证明它：“假如你现在正坐在椅子上，闭着眼睛，试着同时去想长城和明天早上打算做什么事情。”你会发现你只能轮流地去想其中的一件事情，而不能同时去想这两件事。

我们的情感在头脑中的反应也是这样的，不能同时容纳两件事存在于一个空间里。我们不可能既激动、热诚地想着做一些令人兴奋的事情，同时又为忧虑而拖累下来。在同一时间里，一种感觉会把另一种感觉从我们的头脑中赶出去。

有时候，我们会遇到生活中的不可避免的悲剧，这时候，我们一时很难摆脱悲痛的感觉。这时我们唯一的办法大概就是转移注意力，把我们的目光转向别的有意义的事物，沉浸到里面去。比如物理学家普朗克在研究量子理论的时候，妻子去世，两个女儿先后死于难产，儿子又不幸死于战争。普朗克不愿在怨悔中度过，便用加倍努力工作来转移自己内心巨大的悲痛。情绪的转换不但使他减少了痛苦，还促使他发现了基本量子，获得诺贝尔物理学奖。

因此，每当会使你感到沮丧或者消极的念头潜入你的思维时，应该马上提醒自己将关注点转移到使你感觉良好或者充满能量的事情上去。只有这样，你才能做正确的选择，获得正确的行动指引和动力。

另外，向自己提出好的问题，也是改变关注点最有效的方法之一。有什么样的问题就会有什么样的答案，唯有能提出好问题，才能得到好的答案。比如说，如果你一直不断地提出像“我为什么会这么沮丧”或“为什么别人不喜欢我”这类问题，你的大脑会自动搜索信息，最终它会告诉你这样的答案：“因为我天生是一个悲观的人”“因为我很笨”等，使你一直摆脱不了这种无奈的状态。若是你能改问：“我怎样才能摆脱沮丧的状态，让自己快乐起来且更受人欢迎？”你的大脑就会告诉你使自己振奋的方法。

在遇到困难和问题时，你应该学会问自己这样几个问题：

这件事情的发生对我有哪些好处？

无论遇到什么样的问题和困难，你都可以从中学习到经验和教训，可以让你在以后通向成功的路上少犯错误。随时随地地多问自己：“这件事情的发生对我有哪些好处？”就把能量从那些不想要的地方转移过来，朝着正向的方向发展。

现在的状况有哪些需要完善？

在这个事情当中，哪些是该改正的，哪些是该避免的。用积极的心态去面对挫折、压力，面对生活当中的挑战，而不是逃避。

我应该怎样做才能达成我想要的结果？

这是应该面对问题的方法。应该怎么做才能让事情变得完美，因为通过这件事情，你已经学习到了一些东西。

我从中学到些什么，以后有哪些错误不应该再犯？

每个人都会犯错误，犯第一次错误是很正常的，要尽量避免同样的错误犯第二次。记住从中学到了些什么，那么以后的人生，你就会规避很多错误，你也能够找到一些在以后的发展过程中可以拿过来使用的好方法。

现在我应该采取什么样的行动?

现在你应该已经从困惑、纠结中走了出来，不再去指责和抱怨，而是问问自己到底应该做些什么才能把我们想要的变成现实？你就会开始制定具体的行动步骤和计划，于是力量进一步增加。

这套模式，我们把它称作“成功五问”，它从改变你的思考模式，再到改变你的行动模式。只要你养成了在困难面前问自己“成功五问”的习惯，你的人生就会有巨大的不同。

5

那些被人羡慕的生活背后，都有一般人熬不了的苦

——你的美好，要靠自己成全

没人能代你成长，也没人能护你终老

有一个小孩，凡事都靠母亲。一天，他的母亲要出去好几天。临行前，这位母亲为儿子烙了一张很大的饼，在中间挖了个洞，套在儿子的脖子上。

三天后，这位母亲回到家中，发现儿子晕倒在地上，那张大饼还有一多半没有吃。一番紧急处理后，儿子总算醒了过来，还哭喊着说饿。

母亲很惊讶，说："大饼还有一多半呢，你怎么不吃啊？"

儿子虚弱地说："我吃不着，嘴前面的我都吃完了，可脖子后面的够不着。"

这个笑话相信大多数的人都曾听过，但笑过之后呢，你是不是也从中得到了一些启示？那就是：不能事事依赖他人。能够让你取得成功的，从来不是依赖，而是独立；从来不是别人，而是自己。

法国著名小说家、戏剧家小仲马就是一个依靠自身努力成功的人。

据说他在初学写作时，每次寄出的稿子都被出版社“枪毙”，其父大仲马得知后，对他说：“如果你能在寄稿的时候，顺便也给编辑先生附上一封短信，哪怕只有很短的一句话，就说‘我是大仲马的儿子’，或许情况就会有所改观了。”

小仲马固执地说：“不，爸爸，我不想站在您的肩上去摘苹果，那样的话，摘来的苹果于我而言毫无味道。”年轻的小仲马不但拒绝了以父亲的盛名来做自己事业的敲门砖，而且还不露声色地给自己取了很多个其他姓氏的笔名，免得那些编辑先生们把他同大名鼎鼎的父亲联系起来。

面对一张张冷酷无情的退稿笺，小仲马并未沮丧，他依然不动声色地坚持创作。他的长篇小说《茶花女》寄出后，终于有一位资深的编辑被他绝妙的构思和精彩的文笔震撼了。而这位资深编辑也一度和大仲马有多年的书信往来。当他看到寄稿人的地址同大作家大仲马一模一样时，开始怀疑是大仲马另取的笔名。可是，他不敢断定，因为作品的风格同大仲马的迥然不同。为了解答这个疑问，他迫不及待地乘车去造访大仲马。

令这个资深编辑大吃一惊的是，《茶花女》这部伟大作品的作者，居然是大仲马年轻的儿子小仲马。“您为什么不在稿子上署上您的真实姓名呢？”资深编辑疑惑地问。小仲马说：“因为我只想拥有真实的高度。”

真实的高度依靠的是自身的努力，父母的成就再高再大，都始终是他们的，跟你没有太大的关系，最多让你比他人的起点高些，但起点毕竟不是终点，最终的高度，还是要看你自身的努力。

其实，现实生活中，我们每个人或多或少都有一定的依赖心理，“背靠大树好乘凉”嘛。不过你必须要了解一件事：这里的“靠”，绝对不是依赖，也不是将所有的事情都交给别人来处理，而只是他人为你提供的一种必要的协助。当你有了困难，且评估过自己的能力与时间后，发现的确没有办法靠自己一个人的力量来完成这件事，或是在尝试过后，你得到了失败的结果，而且你也了解到自己必须与他人合作才能完成这个任务时，才来给自己找个指点迷津的“靠山”。

然而，现实生活中，许多人尤其是年轻人则是曲解了它的含义，他们虽然早已经成年，在大学学习，或是工作多年，却总是把自己当成需要别人关照的孩童，什么都想依赖他人，拒绝长大，拒绝承担对自己的责任。一些人什么都不想、不行动，指望别人给自己安排好一切，像一个幼儿园的孩子；一些人只是贪图一时的玩乐，随心所欲地虚度时光，不为自己的未来认真思考和行动，经常伤害自己，经常给身边的人制造麻烦。这样的人，看起来潇洒，实际上非常脆弱——将希望寄托于他人的帮助，便会形成惰性，失去独立思考和行动的能力；将希望寄托在某种强大的外力上，意志力就会被无情地吞噬掉。当你选择依赖时就会使你失去独立的人格，变得脆弱、无主见，成为被别人主宰的可怜虫。有一位学术界知名的学者就曾这样告诫青年学生们：“如果你过分依赖别人，那你就会很容易上当，因为你不能辨别人的话究竟是对的还是不对的，而你对别人的动机也就茫然不知。”

所以，无论何时何事，你都要学会独立，千万别把希望寄托在别人身上，人的一生，关键时刻还是要靠自己，自己才是最好的依赖。

如果你想摆脱依赖，最重要的一件事就是：拒绝所有来自身边的过度关怀，以及非必要的协助。简单来说，就是所有你可以靠自己完成的事情，都不要依靠他人来帮你解决。在工作或者生活中，主动要求担任一些工作，使自己有机会去面对问题，能够独立地拿主意、想办法，增强自己独立的信心。当然，这也不是要我们在遇到问题时，如同瞎子摸象般地不停摸索，也绝对不是自以为是地盲目行动而导致错误百出的结果。我们还是可以向身边的亲朋好友请教、解决自己的疑惑，再靠自己的力量和能力解决。另外，还要避免陷入另一个困境，即当我们拒绝他人协助的同时，也必须确保自己有解决这个问题的能力，否则，这件事情恐怕永远不会有被解决的一天。

总之，人生中的风风雨雨，只有靠自己去体会、去感受，任何人都不能为你提供永远的荫庇。你的品格、你的作为，你所有的一切都是你自己行为的产物，并不能靠其他什么东西来改变。人只有依靠自己，才可能做出成就。

看他人很高大，往往是因为你自己蹲着

同样是几十年的生命，为什么会有人名垂青史，有人却默默无名呢?

其实，答案很简单。因为那些被我们敬仰的名人总能在有限的生命中做出有价值的事情，他们不会让时间在羡慕别人和埋怨自己中磋跎，因此他们活得精彩，拥有不一样的人生；而大部分平庸者却只知道羡慕那些成绩优异、有特长的同学和事业有成的人，而不知道正确地认识自己，发挥自己的特长和优势。或许直到老去才发现自己的生命一片空白，但是为时已晚。

事实上，每一个人的生命都是上天赐予我们的财富，每一个人的先天条件是不一样的，我们应该相信自己是独一无二的，而不应该总活在他人的影子里，观看他人的风景而忘记了自己的步伐。寻找自己的价值，活出自己的风采，才是最重要的。

有一天，小蜗牛看到只有自己身上背着又硬又厚的壳，就变得不开心起来，它问母亲：“为什么其他的小朋友没有像我一样，背上有这个又硬又重又难看的壳呢？”

母亲解释道：“这是因为我们的身体没有骨骼的支撑，只能爬，爬得速度又慢。这个壳是来保护我们的！”

小蜗牛反问道：“可是小毛毛虫也没有骨头，爬得也不快啊！为什么它不用背这个又硬又重的壳呢？”

母亲笑着说：“可是毛毛虫长大了会变成蝴蝶，天空会保护它啊！”

小蜗牛又问道：“蚯蚓呢？它变不成蝴蝶，为什么也没有像我们一样的贝壳呢？”

母亲说：“那是因为蚯蚓会钻到土里面，大地会保护它的！”

小蜗牛听完之后，不由得哭了起来，大声地说道：“我们好可怜，天空不保护我们，大地也不保护我们。”

母亲劝慰伤心的小蜗牛，柔声说道：“所以我们有壳啊！这个壳就是用来保护我们自己的。”

生活中有很多人像小蜗牛一样，只是一味地羡慕别人，而看不到自己所拥有的一切。

事实上，很多时候，你觉得他人很高大，是因为你自己在跪着。你仰慕他们头上的光环，却忽略了自己的生活与价值。其实，我们每一个人都有自己的优点和特点。只有充分认识自我，调动自己身上一切可以调动的积极因素，并把自己的优势发挥得淋漓尽致，才能获得成功。如果非得让自己去走别人的路，那么恐怕最终只会迷失了自己。

一个人生来的特点可能就是他的优点，我们不必希望自己像某人，我们应该希望自己只最像自己。事实上，新的遗传学也明确地告诉我们，你之所以是你，是因为你父亲的24个染色体和你母亲的24个染色体所遗传的。“在每一个染色体里”，据阿伦·舒恩费说，“可能有几十个到几百个遗传因子——在某种情况下，每一个遗传因子都能改变一个人的一生。”

一点也不错，我们就是这样“既可怕又奇妙”的构成——我们每个人都独一无二。以前从没有过，从开天辟地一直到现在，从来没有任何人跟你完全一样，而将来直到永远，也不可能再有一个完完全全像你的人。

假如你爱你自己，而且也希望别人所爱的是你的本色，那么，就请站立起来，活出自我。

第一，自尊。自尊是一个对自我的价值的评量。一个人若不拥有令自己满意的自我评价，他的能力必不能充分发挥。而一个满意自己的人，通常也对人生抱持着正面且积极的态度，也能信心十足地接受任何挑战，并勇于面对自己。

第二，自信。怀疑自己的能力，往往是与别人比较、对照而来的。还记得童话故事《白雪公主》中善妒的皇后吗？她对着魔镜不断地问：“魔镜！魔镜！谁是这世界上最美丽的女人？”其实她忧虑的不是容颜，而是自我。她不相信在逐渐老去的容颜背后，可以有随着岁月而增长的智慧与灵性之美。事实上，我们不必在能力上与别人比较，而是要与过去的自己比较。只要肯定自己不断在进步，尤其是在德行人格上日新又新，就应该相信自己。

第三，努力。在人格修养上有句名言："圣德在努力。"是的，努力本身就是圣德，就是成功了，我们要的，就是这个"努力"。其实每个人的生命中都可能有缺陷、有痛苦、有不如意，但这些经验，你可以让它成为激励，也可以任它伤害你自己。是激励还是不幸，在于你自己的选择。正视自己的一切，无论是优点或是缺陷；学习发现自己的潜能，并努力在人格上、在道德上追求成熟、圆满，你将会发现：做我真好！

你的人生，不应该被别人保证

生命中最重要的东西是什么？

是感觉，是一种对生命的感觉。而且，这种感觉，你只能自己去体验。如果由别人来代替你去体验生命，或者压抑你的体验，干涉你的体验，左右你的体验，控制你的体验，甚至剥夺你的体验。这样的生活形同监禁，你也就失去了活着的意义。

人本来就该为自己而活，只有你才是自己人生的主角。

台湾著名作家林清玄被一家知名媒体采访，他谈到自己的人生体会时，讲起童年的一件小事，他说：

“小时候，我在一次历史考试中得了第一名，我的老师特意送我一册世界地图作为奖励，他说希望我长大以后可以周游世界。我很高兴，带着那本地图册就回家了。那时我家里很穷，我妈妈还生病了，所以家里的饭菜都是由我来做的。那天，回到家以后，我一边烧水，一边在火炉旁边看埃及的地图……

“正当我看得入神的时候，爸爸突然跑过来‘啪啪’给了我两个耳光，‘看什么埃及地图！火都熄了，没看到吗？’

打完后，他还踢了我一脚，然后用很严肃很愤怒的表情跟我讲：‘我保证，你这辈子都不可能到那么遥远的地方去！赶快生火！’

“我当时看着我爸爸，简直不敢相信，爸爸怎么会给我这么奇怪的保证？我一生真的不可能去埃及吗？我根本不相信有什么不可能的，我还要周游世界呢。

“所以，我一直刻苦学习，终于考进了一所大学的历史系。20年后，我第一次出国去的地方就是埃及，我的朋友都问我：‘为什么一定要选择埃及？’我说：‘因为我的生命不要被保证，所以我要去埃及。’我一个人到埃及旅行了三个月。有一天，我到了金字塔，就在金字塔下写信给我父亲：‘亲爱的爸爸，记得小时候你曾经打了我一巴掌，踢了我一脚，说保证我这辈子绝对不可能来到这么远的地方。现在我就坐在埃及的金字塔下面给你写信。’看着夕阳，看着夕阳前面的骆驼，我的眼泪就止不住地流下来。后来我听母亲的转述，父亲收到信后说：‘这是那一巴掌打的，一巴掌打到埃及去了。’”

“我的生命不要被别人保证！”这是一种多么催人奋进的自信啊！能主宰自己命运的人，心中永远有一片理想的天地，他们不会让别人侵占一丝一毫，他们永远知道，自己才是自己真正的主人，也只有自己才能把握自己的命运。

但生活偏偏让人在很多时候把命运托付给别人，别人让我们向东，我们就向东；别人让我们向西，我们就向西，完全失去了生命最根本的特性。这时，我们就像一个傀儡，不是活着，而是被活着。正如《疯狂原始人》中所说：“我们这不叫活着，这只是没死。”

为别人而放弃自己的个性以及追求，并且逐渐沦为平庸，这实在是一种人生的悲哀。19世纪美国最伟大的浪漫主义诗人朗费罗曾经说过：“我们根据自己认为能做到的事，来判断自己的能力；别人则根据我们已做的事，判断我们的能力。”也许你的家人、同事、领导会说你的能力就那样，其实他们并不了解你。所以，我们不应该由别人、社会来规划我们的生活，别人往往会错估我们的生活，我们要自己规划自己的生活，自己去寻找发挥自己才能的机会，去寻找激发自己潜能的场所。

如果你想做一个积极主动、对自己负责的人，那么，就请你立即行动起来，并按照以下几点严格要求自己：

第一，以一整天时间，倾听自己以及四周人们的言语，注意是否有“但愿”“我办不到”或“我不得不”等字眼出现。

第二，依据过去的经验，设想一下自己近期内是否会遭遇一些令人退缩逃避的情况？这种情况处在你自己的影响范围之内吗？你应该如何本着积极主动的原则加以应对？请在脑海中一一模拟。

第三，从工作或日常生活中，找出一个令你备感受挫的事情。想一想，它属于哪一类，是可以直接控制的事情，还是可以间接控制的事情，抑或根本无法控制的事情？然后在自己的影响范围内寻找解决方案并付诸行动。

第四，锻炼自己积极主动的意识。在下30天内，专注于自己影响范围内的事物，对自己许下承诺，并予以兑现；做一支照亮他人的蜡烛，而非评判对错的法官；以身作则，不要只顾批评；要解决问题，不要制造问题；不必怪罪别人或为自己文过饰非，不怨天，不尤人；别活在父母、同事或社会的荫庇之下，善用天赋的独立意志，为自己的行为与幸福负责。试行积极主动的30天训练法，观察一下，自己的影响范围在训练之后是否有所变化？

总之，在生活道路上，你必须善于做出抉择，不要总是让别人推着走，不要总是听凭他人摆布，而要勇于驾驭自己的命运，调控自己的情感，做自我的主宰，做命运的主人。

你就是你，是颜色不一样的烟火

每个人都有自己的特点和个性，这是真实的本色，这个真实的自我应该是你和别人相处时展示出的基本姿态。正如艾默生在他的短文《自我信赖》中说过：一个人总有一天会明白，嫉妒是无用的，而模仿他人无异于自杀。因为不论好坏，人只有自己才能帮助自己，只有耕种自己的田地，才能收获自家玉米。上天赋予你的能力是独一无二的，只有当你自己努力尝试和运用时，才知道这份能力到底是什么。

索菲娅·罗兰为了实现自己的演员梦想，16岁时只身来到了罗马。不过，入耳的却全是一些诸如个子太高、臀部太宽、鼻子太长、嘴巴太大等非议，把她说得没有一点做演员的资格。

好在还是有一位制片商看中了她。不过，看中了她并不代表她的事业一帆风顺，索菲娅·罗兰去试了许多次镜，但摄影师都抱怨无法把她拍得更美艳动人。制片商听到了摄影师的抱怨，他找到了索菲娅·罗兰并对她说："索菲娅，如果你真想干这一行，我建议你把你的鼻子和臀部'动一动'，做一次整形手术，那样就更会好些。”

索菲娅·罗兰知道这是一次千载难逢的机会，换作其他人一定会按照制片商的说法去做，但是她却断然拒绝了制片商的要求。在她的心里，始终坚持着这样的一个原则：我就是我自己，只有做好了自己，我才能向他人学习。我要靠自己内在的气质和精湛的演技来征服观众。于是，她理直气壮地回绝了制片商：“对不起，我不能这样做，我就是我自己，只有做好了自己，我才能向别人学习，这是我的原则。虽然我的鼻子太长，但它是我脸庞的中心，它赋予了我脸庞的独特个性，我很喜欢它。至于别人怎么说，我无法改变，因为嘴是长在他们的脸上。我只要坚持我的原则就够了。”

虽然很多议论对索菲娅·罗兰很不利，但她没有因为别人的议论而停下自己奋斗的脚步，反而越挫越勇。从17岁正式进入电影界，她一生拍了100多部影片。索菲娅·罗兰的演技达到了炉火纯青的程度，她得到了观众的认可。终于在1961年，她获得了“奥斯卡最佳女演员奖”，成了世界著名影星。同时，她刚出道时遭到的那些诸如鼻子长、嘴巴大、臀部宽等议论也都不见了，她得到了更多的好评，以前的缺点反而成为后来评选美女的标准。20世纪末，索菲娅·罗兰已经60多岁了，但是，她仍然被评为当时“最美丽的女性”之一。

当后来有人问起索菲娅·罗兰的成功时，她是这样回答的：“我谁也不模仿。我不去奴隶似的跟着时尚走。我只要做我自己。当你把自己独特的一面展示给别人的时候，魅力也就随之而来了。”

不仅仅是索菲娅·罗兰，其实许多明星能够成名，都有一个共同点，就是都保有自己的特色。这才有了成熟的刘嘉玲、性感的钟丽缇、娇媚的林志玲、绝色的张曼玉、精致的李嘉欣、叛逆的莫文蔚、知性的陈鲁豫，以及从容的徐静蕾、伶俐的小S和百变的舒淇等等。

然而，我们却常常在身边发现有一部分人总是刻意去模仿别人。发现别人经常说哪几句口头禅，自己也学着说，不管别人嘴里的口头禅是否符合自己的身份或习惯；发现别人喜欢穿什么样的衣服，自己也赶紧去买来穿，全然不顾自己的身材、肤色是否适合。难道东施效颦的故事还不足以让你明白吗？丑女东施只知道西施皱眉的样子很美，却不知道她为什么美，只是去简单模仿她的样子，结果反被人讥笑。现实生活中，我们每个人都应根据自己的特点，扬长避短，智慧地做事，不加分析、盲目机械地模仿别人，只能成为大家的笑柄。

事实上，人生最重要的就是做真实的自己。其实，名人也罢，普通人也罢，在这个世界上，每个人都是不一样的，成功的人与不成功的人，都拥有着自己天生的长处和特质，也拥有着他人不可比拟的优势。当你在不断地寻找自己、定位自己、调整自己的过程中，找到自己的优势时，你就找到了打开成功之门的钥匙。

法国思想家卢梭说得好：“大自然塑造了我，然后把模子打碎了。”你也许能把很多的事做到完美，但是你仍然不能代替他人，同样的道理，别人也永远无法代替你。模仿别人，其实更多的是透露出自己的不自信，不肯接受这个已经失去了模子的自我，想用从他人那里模仿来的优点替换自己本色的念头，更是一件错误而愚蠢、辛苦却又得不偿失的事情。

实际上，那些有成就的人，正是因为他们都敢于做真实的自己，走自己的路。不管在所选择的这条路上，与自己相伴的是热闹，或是冷清，或是寂寞，或是快乐，他们仍然走在路上。他们有一种永不言败的精神和一种不断努力奋斗的勇气。他们也懂得经营自己的人生，为自己的梦想而打拼，因此才活出了真正的精彩。

所以，我们不该再浪费一秒钟，去忧虑我们与其他人不同的地方，或去模仿他们，而是应该学会接纳自己，无条件地接纳自己。这意味着，不管我们外表如何——美丽，平凡，甚至是丑陋，不管我们能力如何——过人，平庸，还是低人一等，不管我们性格如何——被人喜欢的，不被人喜欢的等等，这些都是我们的一部分，所有这些构成了这样一个独特的我。我就是这样的一个人，我接受这样的自己，不带批判，没有是非对错。不论你自认为有多少缺点和不足，做了多少傻事、坏事或蠢事，从现在起，都停止对自己的挑剔和责备，要学习为自己辩护，维护生命的尊严和价值。如果一个人能够正视并且接纳自己的弱点，那就意味着他不但正确地认识到了自身的局限性，同时也停止对自己的不满和批判。这可以使我们不把时间浪费在自责和沮丧上，而是集中精力去发掘自己的优势，或者增强自身的能力，这样就可以少走弯路。

《爱情回来了》中一句台词说得好：“宁可胖得精致，也不瘦得雷同。”全面地认识自己、真诚地接纳自己，你就会发现，自己好像突然变得美丽、自信起来，周围的一切也更加地清新，原来我们的身上有那么多可爱之处。爱自己、爱生活、爱我们身边美好的事物，你的世界便会从此与众不同！

不因为任何人而改变自己

有一位画家，他一直想画出一幅人人见了都喜欢的画。

于是，当他把画画好后，就拿到市场上去展出了，画旁还附上了一条说明："每一位观赏者，如果觉得此画有欠佳之笔，均可在画中做记号。"并在画的旁边放了一支笔。

可是晚上当画家去取画时，却非常不快，对这次尝试深感失望。因为他发现，整个画面都涂满了记号——没有一笔一画不被指责。

第二天，画家决定换一种方法去试试。他又将那幅画临摹了一张，再拿到市场去展出。这一次，他要求每个观赏者把认为最好的那一笔做上标记。

晚上，当画家再去取画时，发现整个画上又涂满了标记——一切曾被指责的线条，如今都画满了标记！

这时，画家不无感慨地说道："我现在发现一个奥妙，那就是我们不论干什么，只要使一部分人满意就够了。"

确实如此。我们周围的世界是错综复杂的，我们所面对的人和事总是多方面、多角度、多层次的。我们每个人都生活在自己所感知的经验现实中，别人不可能完全反映你的本来面目和完整形象。对你来说，别人对你的反映或许是多棱镜，甚至有可能是让你扭曲变形的哈哈镜，你怎么能期望让人人都满意呢？

而且，即使你认真努力，去尽量适应他人，也不可能做得完美无缺，让人人都满意。因为我们不可能顾及每一个人的面子和利益，你认为顾到了，别人却不一定这么认为，甚至有的人根本不领情。再者，每一个人对同一件事的感受和看法都有所不同，你让这个人满意，就会令那个人不满意。就算你在奥运会上拿了金牌，就算你已经是世界级的明星了，也会有人不喜欢你，还会有人向你发出嘘声，甚至扔臭鸡蛋。

因此，当我们在努力的过程中，完全没有必要去为别人的指责而烦恼或辩解，更没有必要为此而改变自己。

为了迎合别人的理解，放弃自己的个性以及追求，并且逐渐沦为平庸，这实在是一种人生的悲哀。古人言："得言不可不察。"也就是说我们要认真考虑别人的话，但是不必事事都按照别人的标准去做去思考。受别人的欢迎也罢，不受别人的欢迎也罢，只要自己没有违背良知和道德，没有损害他人的利益，不做亏心事，不说过头话，就不要过多地操心别人对自己的毫无意义的非议。走自己的路，做自己想做的事，才能努力实现自己的人生使命。

当然，很多时候我们自己也并不想淹没在人群里，每个人都想成就自己的人生，但身边的东西往往会因局限而干扰我们对自己的认识以及发展，大环境下的妥协是容易的事情。因此，坚持自己，坚持自己认为正确合理的事情，也不是一件容易的事情。

因为，坚持自我就意味着你要加强自控，也许你会发现自己的心怦怦直跳，双手也在发抖，但是不要让自己失控，因为只有这样才能更好地坚持自己。

强调自我也是坚持自我的真正本质，做到这点你就能清楚地表达自己的愿望和期待，同时还不必把对方置于敌对的立场上。比如，你可以采用“我想”、“我觉得”、“我愿意”等句式来表达自己的意愿。

同时，你还要敢于坚定地说出自己的观点，但也不要忽视对方的观点中有价值的部分。做好倾听和尊重其他见解的准备，乐于对任何有道理的观点表示赞同，但对那些仍然令你无法接受的观点也不要争论不休。

另外，还要注意，坚持自我不是盛气凌人。学会辨认坚持自我和盛气凌人之间的区别，不要把盛气凌人当成了坚持自我。要把精力集中在使你产生挫折感的事情上，而不是某个人身上。

当然，也许你会因个性的坚持而遭受众多的热嘲冷讽，但请坚持下来，你会因坚持自我而得到的实效感到骄傲。

没有人爱你的时候，就自己爱自己

相信我们每一个人都希望自己讨人喜欢，更希望被人爱，也想使自己在别人心目中有地位、有分量，希望受到重视。而且市面上有许多报章杂志也都告诉我们如何才能使自己受人欢迎。于是，我们常常花很多精力在一味地献媚别人上、无时无刻地顺从别人上，但结果呢？

只有一个——费力不讨好！因为我们不可能顾及每一个人的面子和利益，你认为顾到了，别人却不一定这么认为，甚至有的人根本不领情。再者，每一个人对同一件事的感受和看法都有所不同，你让这个人满意，就会令那个人不满意。例如，你和新来的女同事接触密切一些，别人就会怀疑你居心不良；你到某领导办公室去了一趟，就会引起这样或那样的议论：你说话直言不讳，人家必然感觉你骄傲自满，目中无人；如果你工作第一，不管其他，人家就会说你不是死心眼太傻，就是野心太重……凡此种种蜚短流长和窃窃私语可以说是无处不生，无孔不入。

既然如此，我们为什么还要活得这般累呢？没有人爱你的时候，就自己爱自己！一个人一旦学会爱自己，便能从自弃的束缚中解脱出来。

有一位作家就曾在回忆自己的人生时这样说道："17岁那年，老师在课堂上告诉我们说，在成长过程中，总会有寂寞的时候，大家要学会没有人爱我的时候，自己爱自己，因为你们将是成人了。当时，我懵懵懂懂在脑海印下这句话，但也正是这句话伴我走过了许多苦闷、委屈、痛心、不满的日子。我常常以这句话来自勉，并且学会了让自己越来越爱自己。在出外工作时，每每度过喧闹的一天，静下心来，总会觉得心底里剩下来的只有空白，所以在下班回家走过清冷的街头的一刹那，唯有自己爱自己的感觉，陪着自己咀嚼一天的忙碌、紧张的喧闹，或是许多个委屈的日子，这样，自己就好像真的就逃离了痛苦与空虚似的。"

一个健康、成熟的人的标志之一就是会"爱自己"。

爱自己，不是自私，而是要我们多把眼光放在自己身上。我们身边有很多人眼看着别人功成名就，总是把持不住自己地去羡慕别人、赞美别人，而对于自己的成功却不加重视。从平常的角度去说，这是一种低调的做法；但是从爱自己的角度去看，这是一种不看重自己的表现。一个真正自爱的人不仅把目光放在别人身上，更要把目光放在自己身上，无条件地接纳自己。法国思想家卢梭说得好："大自然塑造了我，然后把模子打碎了。"不管我们外表如何——美丽，平凡，甚至是丑陋，不管我们能力如何——过人，平庸，还是低人一等，不管我们性格如何——被人喜欢的，不被人喜欢的……这些都是我们的一部分，所有这些构成了这样一个独特的我。我就是这样的一个人，我接受这样的自己，不带批判，没有是非对错。

爱自己，也不是自大，而是让我们敢于做真实的自己，尊重自己的选择。所谓尊重自己的选择，是指在人生道路上，我们对自己所做出的一些选择要尊重，不要以“现实的无奈”“迫不得已”为理由来抱怨自己。比如，你因为身无绝技而做了一个普通的公司员工，在工作之时不要不停地抱怨自己没用、无能，而应该尊重自己的选择，好好地做好这份工作。只要尝到成功的喜悦，那么你也就不再会抱怨自己了。事实上，那些有成就的人，正是因为他们都敢于做真实的自己，走自己的路。不管在所选择的这条路上，与自己相伴的是热闹，是冷清，是寂寞，还是快乐，他们仍然走在路上。他们有一种永不言败的精神和一份不断努力奋斗的勇气。他们也懂得经营自己的人生，为自己的梦想而打拼，因此才活出了真正的精彩。

爱自己，也不是让我们自我姑息、自我放纵，而是让我们学会勤于律己和矫正自我，让我们学会了解自己、战胜自己，让我们能够直面人生。不论你自认为有多少缺点和不足，做了多少傻事、坏事或蠢事，从现在起，都停止对自己的挑剔和责备，要学习为自己辩护，维护生命的尊严和价值。如果一个人能够正视并且接纳自己的弱点，那就意味着他不但正确地认识到了自身的局限性，同时也停止了对自己的不满和批判。这可以使我们不把时间浪费在自责和沮丧上，而是集中精力去发掘自己的优势或者增强自身的能力，这样就可以少走弯路。当你在不断地寻找自己、定位自己、调整自己的过程中，找到自己的优势时，你就找到了打开成功之门的钥匙。

总而言之，一个人的自我观念就是其人格的核心，它会影响一个人的行为，例如学习、成长与应交能力、选择朋友、配偶与职业等等。健康而积极的自爱心理和良好而公允的自我评价，正是成功生活的最坚实的基础。因此，我们必须学会自己爱自己，全面地认识自己、真诚地接纳自己，你就会发现，自己好像突然变得美丽、自信起来，周围的一切也更加清新，从而信心满满地去创造人生，开拓成功。

6

人生没有白走的路，你走过的每一步都算数

——奋斗的意义就藏在奋斗的过程中

不逼自己一把，你永远不知道自己有多优秀

如果要问一个人的能力极限在哪里？恐怕没人能答得上来。因为人们有着一种特殊的能力——潜能。

潜能就像一座无限大的“宝藏”，电脑可能会遇到硬盘已满的情况，而人脑绝对不会。你可以不断地向前推进你的极限，从而达到更高的层次。正如科学家们所说：如果人类发挥出其一小半潜能，就可以轻易学会40种语言，学会数10所大学的课程，记忆整套百科全书，获12个博士学位……

如果更直观一点说，潜能可以让一个人能搬动一辆汽车，或者准确无误地接住从四楼阳台上掉下来的孩子！

不要摇头，不要撇嘴，因为这的确是真实的故事。

第一个故事是这样的：农场里有一辆轻型卡车，农场主年仅14岁的儿子对开车极感兴趣。有一天，他刚将车开出农场大院，就翻到水沟里去了。这一幕正好被他的父亲看到。父亲大为惊慌，急忙跑到出事地点。他看到沟里有水，而他儿子被压在车子下面，躺在那里，只有头的一部分露出水面。

这位父亲并不高大，也不是很强壮，但他毫不犹豫地跳进水沟，双手伸到车下，把车子抬高，让另一位来援助的工人把

儿子从车下救了出来。

另一个故事是：有一位年轻的母亲，在家照顾她两周岁多的儿子，孩子睡着后，母亲把儿子放在小床上，她趁儿子熟睡这段时间去附近的菜市场买菜。这位母亲买完菜走到居住的楼群时，由于惦记着儿子，她不由得朝自己居住的方向望了一眼。这一望不得了，发现四楼阳台上有个黑点在蠕动。糟了，我的儿子，她大叫一声，疯狂地往前跑，边跑边喊：“孩子不要往外爬！”但是孩子哪里听得懂呀，她看到妈妈朝她挥手，兴奋地乱蹬乱舞，拼命往外爬。这时要跑到四楼阻止儿子，已经来不及了，这位母亲于是就拼命地跑，刚好在儿子掉下来的一刹那，跑过去伸出双臂稳稳地把儿子接住了。

其动机如何，我们暂且不论，但足以说明，人确实是存在极大的潜能。

不过，潜能，这种巨大的能力可以说是我们的，但并不属于我们。为什么这样说呢？举个例子来说，潜能就像是自家地下深埋的宝藏，虽然它在自家地下，但不去挖掘，这种东西就不能说是你的。所以说，不管潜能多么巨大，如果任凭它永远沉睡在一旁，不去唤醒它、点燃它、引爆它，就不会产生实际效用，没有半点价值。只有实现由潜能到显能的转化，变巨大潜能为巨大实力，才能够获得大的成功。如果我们要想获得事业上的成功，肯用积极的心态将潜能发掘和利用起来，它一定会助我们一臂之力。

不幸的是，我们中绝大多数人最大的问题就在于潜能从来没有被挖掘过，美国著名的富尔顿学院心理学系的学者们就曾这样说过：“编撰20世纪历史时可以这样写：我们最大的悲剧不是恐怖的地震，不是连年战争，甚至不是原子弹投向日本广岛，而是千千万万的人从生到死，却从未意识到存在于他们身上的巨大潜能。”

道理或许人人都懂，但要想唤醒自己体内的潜能却并非人人都可以做到。事实上，那些比我们成功的人，原本也和你我一样，只是他们找到并挖掘到了深深埋在体内的“宝藏”。掌握了下面这些激活潜能的要点，或许你也可以最大程度上实现自我的价值：

第一，找到自身优势。

每个人开发潜能，一定要根据自身特点。因为人人都有自己的优势才能，也都有自己的最佳发展区。给自己的心灵放一次假，安静地坐下来，认真地观察和衡量一下自己，找出那些阻碍和制约你前进的因素。要一遍又一遍地对自己说：“为什么别人能有这么不凡的业绩，而我却没有？”不时地问一下自己：“别人能够实现自身的价值，为什么我就不能呢？”在这种自我的发问和诊断中，你将在自己身上发现很多宝贵的品质和能力。之后，根据自身的优势和特长来确定应当着重开发的潜能。只有这样，才能使潜能开发和利用事半功倍。

第二，学会自我激励。

在这个世界上，真正能打败你的只有你自己——这是命运面前的强者以身感受总结出的真理。一个人一旦能对内在的力量加以有效运用——时刻反省自己、调整自己、激励自己——就能获得超群的智慧和强大的精神力量，而这正是开启心智的钥匙、激发潜能的要诀，是获得成功的力量来源。它可以让我们战胜总是瞻前顾后的自我、总是畏缩不前的自我，实质上也就开始了全新的人生旅途。

自我激励意味着一个人应该“主动地追求”，他会主动完成自己的工作，而不是等着别人来安排或督促；自我激励也意味着“开放性学习”，只有具备开放性学习品质，才能接受新的知识，不断地完善和充实自己的知识结构，而一个意识完全封闭的人，不可能有什么发展和进步；自我激励更意味着“愈挫愈勇”，他会将困境视为机遇，坚定自己的信念，发挥想象力寻找更好的解决方案，而不是抱着“干得了就干，干不了就算了”的心态。

第三，逼自己一把。

压力带给人的感觉不仅仅是痛苦和沉重，它也能激发人的斗志和内在的激情，使你兴奋，使你的潜能被开发。这是因为，人都是有惰性的，真正能够卧薪尝胆、自我警醒的人少之又少。更多的人需要的是鞭策和当头棒喝式的促动，而“逼自己一把”就是“最自然”的好办法。

古语就曾有“置之死地而后生”“破釜沉舟”等说法，讲的就是事情往往到了压力的关头才有转机，当事者才不得不冷静下来，绞尽脑汁去思考转危为安的方法。著名科学家贝弗里奇也说：“人们最出色的工作往往是在逆境中做出的，思想上的压力，甚至肉体上的痛苦，都可能成为精神上的兴奋剂。很多作家、画家平时灵感难寻，只有在交稿时间非常迫近造成的压力下，大脑里才容易涌现出灵感。”不逼自己一把，你永远不知道自己有多优秀！逼自己，就是战胜自己，必须比自己的过去更新；逼自己，就是超越竞争，必须比别人更新。别人想不到，我要想到；别人不敢想，我敢想；别人不敢做，我来做；别人认为做不到，我一定要做到。破釜沉舟，才会背水一战；逼得自己走投无路，才会想方设法。

当然，压力不能过大，压力过大，把人给压怕了，压趴了。压力适度，不但是行动的最好保障，而且往往能把潜能发挥到极点，创造出令人震惊的奇迹。

第四，给自己诱惑。

“喜新厌旧”“这山望着那山高”是人的根本特性，但对这种特性给予有益的暗示、引发、规划和培养，却能把潜能很好地释放出来。

从某种意义上来说，每个人生命意识里都在寻求更大领域、更高层次的发展。因此，有理性的自我，是绝不愿意停留在任何一种狭小的、有限的状态之中的，而总是想不断开拓，以取得更大的发展，从而更好地生存。这种炽热的、旺盛的发展需要，是渴望成功的表现，是潜能蓄势待发的前兆。给自己一个合理的“诱惑”，就能很好地将自己的潜能激发出来。

第五，勤学加苦练。

勤学绝对是增加潜能基本储量及促使潜能发挥的最佳方法。知识丰富必然联想丰富，而智力水平正是取决于神经元之间信息连接的面和信息量。而此处的苦练特指专家为开发人的潜能而专门设计的练习、测验和训练等，多做有益。包括“潜意识理论与暗示技术”“自我形象理论与观想技术”“成功原则和光明技术”“情商理论与放松入静技术”等等。

第六，处积极环境。

任何能够使我们真正认识自我，能够唤醒我们的全部潜能的东西都是无价之宝，比如书籍，比如朋友。生活中，不乏这样的实例：无数人在阅读一本激励人心的书或是一篇感人至深的励志美文时，会突然感到灵光一闪，蓦地重新认识了自己。如果没有这样的一些书本或文章，他们可能会永远对自身的真实能力懵懂无知。在交友上，我们也应该尽可能地和那些能够激发你的斗志，对你有着深切的了解，并能够促使你思考和行动的人多接触。

总之，只要我们能将潜能发挥出来，我们都可能成为某方面的天才。无论他人对我们的评价如何，无论我们面前有多大的阻力，只要我们相信自己，相信自己具有某方面的潜能，我们就要通过实际行动来体现自己。不要对新的环境感到胆怯，世界是属于我们的，我们只要抹去身上的灰尘，在某个时刻将潜能发挥出来，我们就一定会有所作为。

向内认知，向外行走

一天清晨，一只山羊来到一个菜园旁边，它想吃里面的白菜，可是一道栅栏把它挡在了外面，它进不去。

这时，太阳慢慢从地平线上升起来了，在不经意中，山羊看见了自己的影子，它的影子拖得很长很长。它以为自己很高大，于是自言自语地说："我如此高大，定能吃到树上的果子，吃不吃这白菜又有什么关系呢？"

在距离菜园子不远的地方，还有一大片果园。园子里的树上结满了五颜六色的果子。于是山羊便朝着果园的方向奔去。到达果园时，已是正午，太阳当头。这时，山羊的影子变成了很小的一团。"唉，原来我是这么矮小，看来是吃不到树上的果子了，还是回去吃白菜得好！"于是，它又匆匆忙忙转身往回跑。等跑到菜园子的栅栏外时，太阳已经偏西，它的影子又变得很长很长。

"我为什么非要回来呢？"山羊很懊恼，想："凭我这么大的个子，吃树上的果子是一点儿问题也没有的。"

山羊懊恼的主要原因就在于它对自己没有一个正确的认

识，当它看到自己被阳光拉长的身影时就认为自己十分高大，无所不能，然而，当正午的阳光照在它身上时，它又忍不住因为自己缩小了的身影而妄自菲薄。

而这又何尝不是我们的懊恼？我们往往对自己的才能、学识、成绩、贡献以及自己在别人心目中的地位等等，要么估计得过高，要么估计得过低。如果把自己估计过高，就会脱离现实，守着幻想度日，怨天尤人。结果小事不去做，大事做不来，一事无成。如果把自己估计过低，又会产生强烈的自卑感，导致自暴自弃。本来能很好完成的事，也不敢去试，最后只会抱怨终生。

电视剧《北京女子图鉴》中，陈可给没有通过实习生考核的小新发了一封邮件，其中有这样一段话：

来到这个世界上，没有人应该为你做什么。拒绝长大，逃避责任，是你自己在放弃自己。你可以在我走近的一刹那关掉聊天工具，也可以在我要求你加班的时候，编造出各种五花八门的理由，去和小姐妹聚餐、KTV包夜，你甚至可以到处吐槽我的工作BUG，这些都可以。但是所有你糊弄的，你不重视的，你负能量处理的，不论多微小，都将作用在你的未来。

在北京，你绝对不会因为一分努力就能在国贸随便刷卡，也不可能因为两分的努力，就能体面地生活在三环里。只有拿出十二分的努力，才有机会在这里过上理想的生活。

城市的每个夜晚，都有人在哭泣。未曾哭过长夜的人，不足以笑谈人生。昨天你流的汗，会换来财富；今天你吃的苦，会成为礼物。明天，唯有埋头苦干，才能昂首幸福。

所以小新，好好工作吧，这是所有并非天生公主的女孩，成为公主的最快捷也是最靠谱的方式。愿有一天，你能理解我的这封信，更能正视自己。

向内认知，向外行走。

陈可的这封邮件，在每一个正在努力打拼的人看来，都应该是一次心灵的震撼。我们对自己现在的状况不满意，我们希望自己的命运好转，就一定要先正确认识自己——既不要高估自己，也不会低估自己。根据自身的条件和实际的可能性，找到自己的长处，及时调整自己的方向，让自己的长处得以发挥，就会感到自己并不比别人笨，你有不及别人的地方，而别人也有不及你的地方。胜利的信念便会由此产生并不断得到增强，你就能够改变自己的命运。

认识自己，说起来容易，实际上却是一件非常难做到的事。它需要我们保持自我头脑的清醒，通过交往征求别人意见，依靠朋友，向他们了解别人对自己的看法，从中总结自己。把自己放在比较熟悉的人中间作比较，认识自己的实际水平及在群体中的地位，找到差距和努力方向。

而且，人每时每刻都在成长，人的自我认定也应该是随之改变的，而人生也会随着自我认定的改变而改变。当你不满意自己的目前状况时，可以按下面几个步骤重新改造：

第一步，找到你心目中的人生榜样，为自己树立人生目标。你如果想真正拓展自己的自我认定和人生，那么由此刻开始你就得下定决心想要成为什么样的人。你应回到孩提时代的心态，对未来满怀热望地列出成功人生所必须具备的各种特质，并找到现实生活中的榜样。

第二步，列出你的行动方案，以便能够同这个新的人生角色相吻合。设想自己已经融入了新的自我认定之中，并真正在人群中树立自己的全新形象。

第三步，你要每天提醒自己，不要让心中的目标淡化或者消失掉。这最后一步便是让你周围的人都知道你的这一新的自我认定，你要特别留意结交什么样的朋友，你的成功与你结交的朋友有很大的关系，要让你的新朋友强化而不是削弱你的自我认定。当然，更为重要的是要使你自己知道。你自己每天都要以这个新的自我认定来提醒、告诫、把握好自己。

从现在开始，做自己想做的人吧！而且，还要坚信你一定能成为那样的人。过去你是什么样的人已无关紧要，重要的是现在你想成为什么样的人。我们每一个人内心所真正需要的正是我们心目中的崇高目标，在本质上都可以从丰富的生活或积极的创造过程中体验到。当你体验到幸福、自信、成功的饱满的感情时，你就是在享受丰富的生活，而且也就真的会有许多好处或好事在等着你。

成功层面上，情商比智商重要几倍

在很长的一段时间里，人类都生活在只讲智商的宿命论中。当然，有过人的智慧的确是幸事一件，但事实上，并非所有的成功都来自于你的智力，尤其是在今天这个竞争日趋激烈、知识爆炸、人际关系复杂的社会中，情商对于成功的意义才更为重要。

其实，在我们每日所处的“社会活动”中——比如为人处世、修养举止、说话办事、待人接物、情绪控制、抗压能力等等——都存在着众多或明或暗的“规则”，而人运用和掌握这规则的熟练程度，就是情商在发挥着作用。事实也确实如此。一份有关的调查报告披露，在贝尔实验室，顶尖人物并非是那些智商超群的名牌大学毕业生。相反，一些智商平平但情商甚高的研究员往往以其丰硕的科研业绩成为明星。其中的奥妙就在于，情商高的人更能适应现在激烈的社会竞争。与社会交往能力差、性格孤僻的高智商者相比，那些能够敏锐了解他人情绪、善于控制自己的人，更可能找到自己想要的工作，也更可能取得成功。

例如，达尔文曾被老师和家长认为是平庸无奇的儿童，智力也比一般人低下，但他成了伟大的科学家；爱因斯坦自述其弱点是“智力不好，特别苦于记单词和课文”，但他成了世界级的科学家；亚历山大·冯·洪堡上学时的成绩也不好，在一次演讲中他提到：“我曾经相信，我的家庭教师再怎样让我努力学习，我也达不到一般人的智力水平。”可是，20多年后他却成为了杰出的植物学家、地理学家和政治家……

其实，这就是情商在发挥着作用！情商——这种了解和控制自身和他人情感的方式，可以让你把握说话做事的分寸，去促成想看到的结果。没有它，你就只能落于人后，一身本事无处发挥，甚至被埋没，早早退出历史舞台。

有一个叫威廉·宾德的人，他从一出生，就被父亲用尽各种办法开发智力。宾德3岁时，就能用本国语言自由阅读和书写；4岁时，他写出了3篇500字的文章；6岁时，他写出了一篇解剖学论文。小学入学的当天上午，宾德被编入一年级，等中午母亲去接他时，他已经成了三年级的学生了。他8岁上中学，11岁进入哈佛大学！

不难看出，宾德的智商的确很高。但是，他后来却选择了离家出走，在一家商店当店员，一生碌碌无为。其实，类似的例子古今中外数不胜数。这就是高智商低情商人物的悲哀，或许他们本来能取得更加卓越的成就，但因为情商不高，最终只能令人扼腕叹息。如果说智商更多地被用来预测一个人的学业成绩的话，那么，情商则能被用于预测一个人能否取得事业上的成功。

也许有人会说：“没有办法，我天生情商低。”如果你有此想法的话，就大错特错了。虽然情商也要受到先天因素的制约，但是，后天因素对情商的影响更大。随着我们成功地跨越不同的人生阶段，我们的情商也会得到相应的提高。

莫奈，是一个做了十几年的汽车修理工。一天，他在报纸上看到休斯敦一家飞机制造公司正向全国广纳贤才，就决定前去一试。

当莫奈到达休斯敦时已是晚上了，而面试就在第二天进行。可改变也就是在这一晚发生。

独坐在旅馆的房间里，莫奈脑中闪现出自己多年的生活经历，一种莫名的惆怅也涌上心头：“我并不是一个低智商的人，为什么我老是这么没有出息？”接着，他把自己与身边那些成功的人相比，最后发现，自己在某些方面严重不足——那就是性格情绪经常对自己产生很大的影响。

凌晨三点的钟声已经敲响了，可是莫奈却没有一丝睡意，反而思绪更清晰了。他第一次看清了自己的缺点，发现过去很多时候自己不能控制情绪，比如爱冲动、遇事从不冷静，有些自卑，不能与更多的人交往等。

就这样，整个晚上他都坐在房间里检讨。最后，他做出了一个令自己都很吃惊的决定：自今往后，决不允许自己再有不如别人的想法，一定要控制自己的情绪，全面改善自己的性格，塑造一个全新的自我！

天亮了，莫奈一身轻松，像换了一个人似的，怀着新增的自信前去面试。很快，他被顺利地录用了，并在此后再三得到

升迁。几年后，公司重组，莫奈分得了可观的股份。

其实，当莫奈认清自己并努力改变时，他的成功已然是注定的了。

现实生活中，许多人一直生活在社会的底层，并不是因为他们的智商有问题，而是因为他们没有意识到情商在一个人成功路上的重要性。当你通过自身的努力成为一个高情商的人时，你离成功的彼岸也就不远了。因此，不管你是何种年龄、何种职业，现在就开始你的情商训练吧，趁一切还来得及。

没有任何一个人，可以伟大到不需要朋友

百万富翁共有的特点你知道是什么吗？

《行销致富》一书作者史坦利给出的说法是——“答案是一本厚厚的名片簿。更重要的是他们广结人际网络的能力，这或许便是他们成功的主因。”

事实上，古今中外，纯粹意义上的赤手空拳打天下，白手起家都是不存在的，也是不现实的。大凡成功之人必是善于利用他人之力，从而使自己拥有一对翱翔宇宙的丰满羽翼，比其他人升得更快，飞得更远的人。例如：一代天骄成吉思汗，就十分善于借助他人力量。铁木真当年进攻蒙古蔑乞儿部时，兵力不济，后来他联合草原雄鹰札木合，一举歼灭蔑乞儿部，等到他与札木合争雄时，又联合王罕，打败了札木合，最终奠定了其草原霸主地位；美国总统克林顿，在竞选过程中，拥有高知名度的朋友们也扮演着举足轻重的角色。这些朋友包括他小时候在温泉城的玩伴、年轻时在乔治城大学与耶鲁法学院的同学，及日后当罗德学者时的旧识等。

说得绝对一点，世界上所有成功的人，都是人脉关系极好的人。人脉网越宽广的人，他成功的速度就越快。

如果你还艰难地走在成功的路上，那么，不妨查一查自己的“人脉存折”。它应该是非常丰富的，其中的成员要包括在各个行业各个层次当中——上至政界名流，下至平民百姓；他们的来源也要四面八方——有同学，有同事，还有一个是什么经理，还有一个是路上认识的，还有一个是聚会认识的，还有一个是客户……总之，十个朋友中没有一个人的来源是一样的。如果你发现自己的人脉网非常单一，要么都是同学，要么都是战友，要么都是同事。那么，现在开始为自己存一张丰富的“人脉存折”势在必行。

一个最有效的方法就是运用“大数法则”。这是经济学中的一个重要概念，即在随机现象的大量重复试验和观察中，往往出现某种几乎必然的规律。举个例子来说，比如你掷硬币，每次出现正面或反面是偶然的，但大量重复投掷后，出现正面（或反面）的次数与总次数之比却必然接近常数1/2。一个人的人脉也同样遵循大数法则，你结识的人越多，那么预期成为你的朋友至交的人数占你结识的人群总人数的比例就越稳定。所以在概率一定的情况下，你要做的就是结识许许多多的人，广泛地收集人脉信息，有效地运用大数法则来评估并改善你的“人脉存折”。诸如：

增加你的曝光途径。经常参加各式团体活动，如EMBA、旅游团、健身俱乐部等团体，都是把自己推销给别人的好渠道，也是可以建立自己形象的机会。例如：专门从事人力资源培训的曾毓芬就表示，4年前，她是为了拓展人脉而参加人力资源协会的。虽然当时她只能担任会员服务组里一个毫不起眼的组员，但她牺牲私人时间，每个月举办研讨会，逐渐地就把知名度打开了，进而晋身为协会主任，业务量自然也跟着蓬勃发展，短短3年的时间，她的月薪从5万元跳级到二三十万元。

互换人脉资源。你有一个橘子，我也有一个橘子，如果彼此交换，还是各有一个橘子；但是，倘若你有一种思想，我有一种思想，而彼此交流这些思想，那么我们就各有两种思想；你有一个非常好的人脉关系网，我也有一个非常好的人脉关系网，如果我们互相交换，那么你就有两个人脉关系网，我也拥有两个人脉关系网。所以，多与别人交换人脉资源是扩展人脉资源最有效的方法。

重视网络的力量。网络人脉也值得我们去重视，通过微信、微博、贴吧、QQ等让别人留意到你，会给你带来意想不到的契机！例如：一位哈佛学子说："我曾经在博客上看到了一篇优美的文章，便情不自禁地写下了这篇文章的文学评论，逐渐地与博主建立了良好的关系。后来，我们见面才得知，原来博主是我所向往的公司的老板。于是，我顺利地进入了那家公司。"

总之，你要去结交尽可能多的人，你结交的人越多，那么你的人脉中那个可能改变你命运的人出现的可能性就越大。

当然，学会扩充你的人脉网络，更要懂得如何维护和管理。这里提供几个"小成本"建议，你不妨一试。

一是建立档案。建立朋友档案的方法很多。有人用电脑建立朋友档案，有人用笔记簿、名片簿，这些方法各有长处，不管用什么方法，记录的内容须请大家记住：不要只写下名字，或者只把名片收好，你要写下你对他们工作最感兴趣的方面，以及他们感兴趣的东西，包括一些特别的事物。虽然没有多少细节，但需要的时候，它肯定能发挥出很大的作用。例如当《纽约时报》的记者问美国前总统克林顿，是如何保持自己的政治关系网时，他问答说："每天晚上睡觉前，我会在一张卡片上列出我当天联系过的每一个人，注明重要细节、时间、会晤地点以及与此相关的一些信息，然后输入秘书为我建立的关系网数据库小。这些年来朋友们帮了我不少忙。"

二是保持联系。保持联系是维持感情的前提。有一本书写得非常好。它教导那些有心在仕途上有所作为的人，必须起码搜集20个将来最有可能做总理的人的资料，并把它背得烂熟，然后有规律地，按时去拜访这些人，和他们保持较好的关系，这样，当这些人之中的任何一个当起总理来，自然就容易记起你来，大有可能请你担任一个部长的职位了。也许你会认为这种手段看起来不大高明，但却是非常合乎现实的。你可以记下那些对朋友们来说至关重要的日子，比如生日或周年庆祝等。在这些特别的日子里准时和他们通话，哪怕只是给他们发个信息，他们也会高兴万分，因为他们知道你心中想着他们。

三是巧用人情。人只要互相接触就会涉及情分，这情分就是人情。人情，就好比银行存款那般，你存得越多，可领出来的钱就越多，存得越少，可领出来的就越少。

不过，在人情的积攒和使用过程中，讲究可不少。例如，要给人留面子。生活中经常有这样的人，帮了别人的忙，就觉得有恩于人，于是心怀一种优越感，高高在上，不可一世。这种态度是很危险的，常常会引发相反的后果。也就是“帮了别人的忙，却没有增加自己人情账户的收入”，这是因为这种骄傲的态度，把这笔账抵消了。还有，不能讨人情。人本来都有健忘的毛病，所以就是对方曾欠你一些人情，你也不可抱着讨人情的心态去要求对方帮忙，因为这有可能引起对方的不快和反感。对一些斤斤计较的人要特别注意，你们纵然交情再深，也不可轻易找他帮忙，否则这人情债会就像在地下钱庄借钱那样，让你吃不消。另外，还要想办法做些适度的回馈。回馈有很多种，例如主动去帮对方、请吃饭、送礼物都可以。总之，不要把人家帮你忙当成应该的，有借有还，再借不难！

其实，生活当中你所认识的每一个人都有可能成为你生命中的贵人，成为你事业发展的助推器。如果你能够在平时注意积累和培养自己的人脉圈、朋友圈，多结交一些人，那么这些人就有可能助你在事业发展上取得成功。

学习热忱减退才是被时代淘汰的最大原因

提到学习，大概很多人会觉得很陌生了。你还记得自己是从什么时候开始停止的学习吗？是不是离开了每天需要上课做作业的校园，你就认为教育已经结束，你的生活从此与读书无关了呢?

如果是这样，那么，你现在所做的，就不算是真正的为事业在打拼，而只是在应付你的工作。因为判断一个人对生活、对工作、对感情的态度是否认真，关键就在于看他有没有在学习。很早以前，罗曼·罗兰就说："成年人慢慢被时代淘汰的最大原因不是年龄的增长，而是学习热忱的减退。"成年人花几百块钱买一件高级衣服一点不嫌贵，但要从钱包里掏出十来块钱买本书倒觉得不能承受。他们往往舍得在自己的子女身上进行本领投资，却忽视对自身的本领投资，把对自身投资的重点放在吃、穿、住和保健上。

是时候摆脱老观念——学习是学校里的事，走出学校后就不需继续学习了——的统治了！事实上，万事万物都是学问，学习，永远是成功者的第一特质。谁始终保持学习热忱，在走出校门后继续学习、终身学习，谁就能获得成功。

我国有一位获得重大科学发明奖的青年科学家，在谈到阅读经验时，就道出了这样一个秘密：他说，他今天的成功来源于孩提时代每天坚持的10分钟阅读。

据他回忆，上小学时，他并不喜欢看书。后来在母亲的要求下，他渐渐对阅读课外图书产生了浓厚的兴趣。母亲最先要求他每天只阅读10分钟时间，读完以后才允许去做其他的事情。这样每天坚持10分钟，他逐渐养成了一种习惯，一天不看点什么，再干什么都不舒服。于是一套《十万个为什么》在一种自觉不间断的阅读中，从头到尾看过了一遍。书中的科学知识和科学家的故事，也深深地在他的脑海里扎下了根。

就这样，每天10分钟的读书习惯，激发了他浓厚的求知兴趣。凭自觉阅读的好习惯，他后来考上了中国科技大学，四年后又赴美留学深造，毕业后回国从事科学研究，现在已经成长成为一名出色的青年科学家了。

不要说什么“没时间”的借口，我们必须承认，一个人无论怎样忙法，一天之中，十分二十分的时间总还是可以抽得出来的。问题是当我们闲下来的时候，往往太懒。所以，我们唯一需要的就是读书的决心。要是能每天坚持利用好10分钟时间，养成良好的阅读习惯，就会造就一个未来的人才。

当然，将学习仅仅理解为读书的话，未免也太过肤浅了。

在现代社会里，新闻已经成为我们生活的坐标系，不能不关心：远在千里之外的地区局势紧张会影响世界经济，牵一发而动全身，从而直接决定你手里的外汇是应该买还是卖；欧洲的天气会影响你的旅行计划；美国的一家公司股票涨落可能会影响你的工作，因为它可能正是你为之工作的公司或者是其合作伙伴；开车上班的时候很多人听交通广播以决定选择哪一条行车路线；人们关注电视新闻上的禽流感疫情发展以决定是否开始恢复吃鸡肉……

总之，新闻信息的储备对于每个人来说都是非常重要的。比如早上起床后随手打开电视，一边刷牙一边听早间新闻；坐地铁的途中看晨报；开车的人路上听广播；工作的间隙浏览一下网络新闻；或者晚上看晚间新闻等等，凡是你认为有用的信息，都可以在大脑中储存起来，以方便将来为我所用，方便自己明辨方向。

另外，每个行业都有它的专业知识，而且这些知识也经常在更新。

也许当初你是名牌大学的高才生，才高八斗，学富五车，但是，知识日新月异，当你走上社会，进入职业生涯时，身边的一切都在变化。时代的潮流后浪推前浪，历史的车轮轰隆隆前进，去年还是你引以为豪的知识，也许明年便会成为过去时。例如，刚大学毕业不久的一名会计因为一次失误，被财务部经理狠狠地教训了一次。她不服气，拿出自己大学时的教材跟经理争论。经理拿出最新的行业杂志，告诉她相关政策已经更改。她才明白，她在大学里学的知识很多已经过时，而现在，她必须学习新知识，了解新规定。

在日新月异的知识更新过程里，任何自满情绪都是导致失败的因素，必须戒除这个不良心态，营造一个永远渴求新知识、积极学习的心态，这才是正确的态度。随时更新专业知识的最佳方法，就是订阅与你的专业有关的杂志。经常看专业信息，可以帮助你保持对市场与行业的敏锐度，并且训练自己去芜存菁的能力，发现闪光点与机会点。

另外，值得一提的是，在与国际接轨的潮流中，作为社会中坚力量的职业人士，当然不能“脱轨”。那么，你首先要做的就是应该把接轨的工具——英语掌握到手里。如果有一定的英语能力，就可以直接从国外的资料中获取最新的信息；如果有一口流利的英语，还可以直接跟老外交流就更好。

然而，很多人是迫于事业发展的压力，才加入学英语的大军，再加上偏偏学英语又没有速成的快捷方式，因此，许多人对英语缺乏兴趣，很难坚持下去。其实，要解决这个问题也不难——看外文电影学英语，在休闲的同时也达到了学习的目的。

看电影学英语，表面在看，实则在听，这种方法最大的好处就是可以锻炼听力。电影听力不像听磁带那样枯燥，观众可以通过故事发展的逻辑推理，明了台词的意思。另外，在词汇学习上，可以对词汇的用法做详尽的分析，挖掘词语的深层含义，对词汇有一个全方位的认识，而不仅仅是停留在“就词论词”上。此外，看电影可以激发人的想象力，陶冶人的情操，扩大知识面。通过观看电影，观众可以更加了解西方文化，体会东西方价值观，将语言学习上升到真正意义上的交流，让英语“活”起来。

还有，在这个信息爆炸的时代，单靠个人的能力，很容易一叶障目，而且时间与精力也有限。这时，倾听也变成了一种学习能力。听人说话，可以知新博闻，可以开心智。孔子云："三人行，必有我师焉。"每个人因生活背景、从事职业和社会阅历不同，对事物的理解自然也是见仁见智，却不乏真知灼见，带给人以不同的人生启迪。让我们竖起耳朵，做个有心的倾听者吧，也许从别人的"闲言碎语"中，就可以打捞出对你有用的金点子呢！

7

做正确的事，比想正确地做事更重要

——在前行中不断修正人生坐标

人人都要有希望，但不要奢望

在这个世界上，我们每个人都在苦苦追寻自己的理想。可遗憾的是，能实现理想的人少之又少。之所以有如此多无法实现梦想的人，往往是因为一开始他们就没有给自己一个准确的定位，在别人的成就里，做着自己的白日梦——梦想着自己有朝一日也能像那些成功人士一样年薪百万，拥有亿万家财，住在霓虹闪烁的别墅里，每天吃着燕窝鱼翅，开着宝马奔驰，过着一掷千金、纸醉金迷的生活……

但是，自己主观上期待的成功，与客观上获得的成功完全是两码事。拿破仑的一句“不想当将军的士兵不是好士兵！”固然成就了许多人，但同时它也误导了许多人，因为“将军”并不具备普遍性，总要有人做士兵。这就好比在一场戏中，我们都想出演主要角色，但要保证一部戏的完整好看，必须有人扮演无足轻重的角色，而且不论你的角色多么糟糕，都必须自觉地扮演好。就像下面这个小女孩一样。

在英国某个小镇上，有一个十分喜爱表演的小女孩，她叫玛莎。这一天，她得知消息，为了募捐，学校准备排练一部叫

《圣诞前夜》的话剧。玛莎高兴坏了，她第一个去报名要求当演员，并且希望出演剧中的女儿。

但是，定角色那天，玛莎却一脸冰霜地回到了家。原来，她被告知，她的角色是一只狗！

失望的玛莎，心情糟透了。她一会儿抱怨妈妈做的牛排太咸，一会儿又说弟弟看电视的声音太大，搞得一家人都没了笑脸。

睡觉前，爸爸来到了玛莎的房间，两个人谈了很久。虽然他们拒绝透露谈话内容，但是第二天家人和同学又看到了那个快乐的玛莎。她不仅没有拒绝演狗，还买来了护膝，以便更好地排练。

终于到了演出的那一天。从头至尾，玛莎穿着一套毛茸茸的道具，手脚并用地在台上爬来爬去，还不时伸个懒腰，晃晃脑袋，动作惟妙惟肖，精湛的表演吸引了所有观众的眼球，虽然她从头至尾没有说过一句台词。

做正确的事，比你想正确地做事更重要。如果你能像玛莎一样，放下无谓的希望，踏实做好自己该做的事情，那么，不管是你的心情，还是你所做的事情，都一样是成功的。

其实现实生活中，每个人都有很多美丽的幻想，也希望自己的幻想能实现，比别人出色，拥有美貌、财富、才华、地位……但是很多东西单单依靠幻想是难以得到的，需要你的努力；还有一些东西，即使努力也注定是徒劳，幻想终究是幻想，不过是徒增自己的烦恼罢了。例如，现在许多家长都希望自己的儿女成材，他们省吃俭用，为孩子报学习班、置办钢琴，希望培养出一个中国的“肖邦”“李斯特”。我们先不说世界上有几个“肖邦”、几个“李斯特”，就是仅仅作为一个普通钢琴家而存在的，全国又有多少？而琴童的数量呢？据统计，北京、上海各有10万琴童，全国有多少，不得而知，估计不会少于100万吧！显然这是不成比例的。要是光弹着玩玩倒也罢了，如果你是认认真真把孩子当作钢琴家来培养的话，就一定先要做好失败的准备，因为你脑子里产生一种想法，跟你真正去落实这个想法，完全是两码事。

这个时候，我们就应该尽快放下无谓的希望，调整自己的目标，根据自己的实际情况重新做出规划，而不应该死守着不切实际的想法。正如创新思维之父德·波诺在形容纵向思考与平面思维的不同时说道：“在一个地方打井，老打不出水来。具有纵向思考方式的人，只会嫌自己打得不够努力，而增加努力程度。而具有平面思维方式的人，则考虑很可能是选择井的地方不对，或者根本就没有水，所以与其在这样一个地方努力，不如另外寻找一个更容易出水的地方打井。”

实际上，世界上许多有所成就的人，一方面是因为基础好，而另一方面就是因为他们勇敢地“换了个地方打井”，并最终找到了适合自身发展的道路。萧伯纳小的时候，花了很大的精力来学画画，但是效果不佳，在一次偶然的机会，他在戏剧艺术上的智慧爆发出来了，最终使他在这个领域得到了充分的发展；而钢琴大师茅为惠博士也没有继承爷爷——桥梁专家茅以升的事业，而是凭借3岁时就表现出的音乐天赋，让父母放弃了原来的想法，在音乐方面对她进行培养，最终成就了一代钢琴大师……为探寻真正的人生甘泉，我们也需要时刻准备着去勇敢地换个地方“打井”。

对此，我们的建议是：

首先，正确定位。只有正确定位，自己才能更好地找准在社会上的位置，更好地适应社会，适应环境，不断获取新的发展。而给你定位最准确的人也是自己，因为只有自己才知道自己的潜能，知道自己的长处，知道怎样挖掘自己的长处。

其次，量力而行。无论做什么事情，既要考虑自身条件和能力，又要考虑外部因素。这就要求我们要根据自己的能力来生活或者做事，这样就不会心有余而力不足。而强迫自己硬要达到不切实际的所谓高标准，不仅会使自己整天紧张焦虑，还会使自己过早地耗尽精力，从而对生活失去乐趣，对人生丧失信心。

再次，坚持不懈。任何成绩的取得，事业的成功，都源于人们不懈的努力和执着的探索追求；浅尝辄止，一曝十寒，朝三暮四，心猿意马，只能收获两手空空。许多事情表面看起来败局已定，但其实只要我们再坚持一段时间，并付出巨大的努力，往往就会看到“柳暗花明又一村”。

最后，自我控制。要建立自己的成功模式，还要具有不断增强的控制进程的能力。既不能像恶霸之流做那些巧取豪夺之事，也不要被一点眼前的蝇头小利迷惑，培养起持续发展、支配财富和自我控制的能力，保证自己始终在一个正确的轨道上发展。

记住，人人都要有希望，但不要奢望，因为奢望会使人失望。把别人的成就看作对社会的贡献，而不是对自己权利的剥夺或地位的威胁，你就不会迷失自我；将别人的成功当成一道美丽的风景来欣赏，你将会在各方面都达到一个更高的境界。

在错误的路上，越坚持越错得离谱

执着与固执，指的都是坚持不懈。对于前者来说，这种坚持不懈的品格，往往让人认准一个目标不再犹豫坚持去执行，无论在前进中会遇到任何的障碍，都决不后退，努力再努力，直至目标实现，他们往往是最后的成功者。但是，对于后者来说，这种坚持不懈的品格则使人失败。如果你总觉得自己比别人高明，如果你总听不进别人的意见，认准目标后便不再回头，撞了南墙也不改变初衷，直至精疲力竭，那么你很可能就是一个固执的人。

人应该执着，但不应该固执。

从下面这只乌鸦身上，或许你可以更直观地学到这个道理。

这只乌鸦其实就是寓言大师伊索笔下的那只。那一次，它口渴了，可是附近没有水，只有一只被小孩丢弃的长颈小瓶里，盛有半瓶雨水。乌鸦伸过嘴去，可是瓶口很小，瓶颈很长，它喝不到。于是乌鸦想了一个办法，把一颗颗小石子投进瓶里去，这样，瓶里的水升高了，乌鸦很轻松地喝到了水。就是这件事，被写进了寓言，之后，这只乌鸦也因此而出了名。

有一次，这只出了名的乌鸦飞到一个村庄去看热闹，又遇上了找不到水的事情。因为这里正发生干旱，溪水完全干了，田里开了裂缝，只有村子后面的一口井底有些水。可是这个井口很小，井又很深。口渴的乌鸦试了几次都飞不下去，而且几次都碰到井壁上，眼冒金星，因此它只好又回到井台上来。

这时候，它忽然想起了自己“投石入瓶喝水”的光荣事迹，高兴地叫道：“哇！哇！我怎么把这经验忘了？”

于是，像上次一样，它叼来一颗颗小石子，并且把它们都投到了水井里，可是，结果可跟上次不同，它投了半天，井水都没有上来。这时，树上的喜鹊说：“喳喳！乌鸦先生，您别忙了，这是水井，不是您原先的那个长颈瓶子，怎么还是用那个老办法呢？喳喳！”

“哇！哇！你懂什么？”乌鸦不屑地斜了喜鹊一眼，“我的方法是经过专家鉴定的，上过寓言作家的书本，到哪里都可以用，放之四海而皆准，怎么会老呢？哇！哇！”

乌鸦继续向井里投石子。

当然，结果不用我说，大家也都可想而知了。这种错误，就叫固执。

不过，我们在嘲笑乌鸦愚蠢的同时，有没有想过，很多时候，我们又何尝不是这样一只“乌鸦”？虽然并不愚钝，却常常陷入某一个绝对没有好处的事情中不能自拔。任凭周围的亲戚、朋友、旁观者如何劝说，总是执迷不悟，甚至还要找出

“天道酬勤、勤能补拙”的大道理来欺骗自己、回击对方。

天道酬勤不假，勤能补拙也有理，但是与其用勤补拙，你为什么不把精力用在你原本就很优秀的方面呢？更何况，有些拙并不是一味地下苦功就能补上的。也许很多目标看上去很令人激动，但是并不一定是适合你的，你必须有勇于放弃那些不切实际的目标和好高骛远的念头。

看看美国历史上第一位黑人女国务卿赖斯的经历：

那时候，赖斯还只是一个普通的美国小女孩，她梦想成为一名职业钢琴家。

16岁那年，她考入了丹佛大学音乐学院，对自己的钢琴家之路充满了信心。然而，就在当年夏天，她却放弃了这一梦想。因为在著名的阿斯本音乐节上，她遇到了有生以来最残酷的竞争和打击。一些刚刚11岁的孩子，只看一眼就能演奏她要练上一年才能弹好的曲子。这让一向颇为自负的她感觉到了现实与梦想的巨大差距。

这次的经历让康多莉扎·赖斯的心中却像堵了一块巨石。不过好在不久后她就发现了新的目标——“国际政治概况”课程。而她的导师也认为她是这一领域难得的千里马，因此倾尽所能地指导她，将她引向了国际关系和苏联政治学领域。

也正是这一正确的转变，让康多莉扎·赖斯取得了巨大的成功：19岁时，她便获得了政治学学士学位。26岁时，她获得博士学位，由于精通四门语言，她很快成为斯坦福大学的助教，专攻苏联军事事务。33岁时，她已经成为一名杰出的教授。1987年，在一次晚宴上，她简短而有特色的致辞引起了时任国家安全事务助理的布伦特·斯考克罗夫特的注意。从此她在政界青云直上，直至成为美国历史上第一位黑人女国务卿！

我们每个人的时间都是有限的，有许多事情都是不值得花费太多的时间去完成的。当我们为了实现某个目标，在所选择的道路上摔得遍体鳞伤、磕得头破血流，还不能看到希望的时候，就实在没有必要固执地坚持了，我们应该果断地退出，选择新的道路前行。人生的真正意义就在于不断改变自己、不断提升自己。只要你找到适合自己的道路，即使这条路上也会有崎岖坎坷，但不要怕，勇敢地拼搏，并享受这条路上的风景，如此，才能让自己活出一个精彩无悔的人生！

当然，相信这个道理大家也都明白，但之所以很少有人能够做到，原因就在于我们有时候确实难以分清什么时候该坚持，什么时候该放弃。所以二者择其一，最终选择无理由地坚持，而这样自然容易作茧自缚，将自己困在自以为安全的蚕茧中，被束缚了手脚，也被束缚了思想。

例如对永动机的研究，就使很多人投入了毕生的精力，耗费了大量的人力物力。实际上，牛顿早年也是永动机的追随者。在进行了大量的实验之后，他很失望，但他很明智地退出了对永动机的研究，在力学中投入更大的精力。最终，许多永动机的研究者默默而终，而牛顿却因摆脱了无谓的研究，而在其他方面脱颖而出。

事实上，固执与执着之间，往往只有一线之隔，它们在过程上并无严格区别，都是对设定的目标坚持不懈、孜孜以求，它们的区别在结果上。如果你能在追求成功的道路上，多问自己几个“为什么”，就可能会发觉其中会有不可理解也没有必要再存在的陋规。要知道，事物总是不断发展变化的，经验或许是我们的宝贵财富，但是，经验同时也会限制我们的头脑，使我们看不到新东西，创造不出新方法。如果一成不变地凭老经验办事，不注意发现新情况，就免不了会给自己贴上固执的标签，从而吃了大亏。例如，项羽的巨鹿之战，韩信的井陉之战，都是置之死地而后生的成功例子，马谡被诸葛亮派去镇守军事重地街亭，也学置之死地，结果就真死了。可以说，成也兵书，败也兵书，关键是灵活变通。

其实我们的现实社会也是一个大战场，生活中，我们要乐于接受各种新的挑战；做事上，我们却要敢于放下固定的行事风格。你知道水是如何行走的吗？河流行经之地总有各种的阻隔，高山、峻岭、沟壑、峭壁，但是水到了它们跟前，并不是一味地一头冲过去，而是很快调整方向，避开一道道障碍，重新开创一条路。正因为如此，它最终抵达了遥远的大海，也缔造了蜿蜒曲折、百转迂回的自然美。何不学学水的智慧？一旦得知或者求证出你的目标已经板上钉钉地不可能成为现实，就要学会换条新路，这样，才能不断打造自己适应新环境的能力，才能与时俱进，取得成功。

你一生的精力和时间只够做好一件事

虽说一个人的潜力无限，但他的精力和时间却是有限的，这就决定了任何人都不可能成为无所不知、无所不能的超人。如果分散精力去做很多事情，那可能就一件事情也做不好，只有把精力尽量集中起来，才能做好一件事情。

不信你去翻翻《财富》世界500强企业的简历，就会发现，大凡成功人士和成功企业，它们之间都有一个共同的规律，那就是都能专做一件事。例如：

沃伦·巴菲特专做股票，很快做到了亿万富翁；

乔治·索罗一心搞对冲基金，结果成了金融大鳄；

女作家罗琳40多岁开始写作，而且专写哈里·波特，竟然写成亿万富婆；

市场先机的潜望镜洛克菲勒专心于石油产业，他成为那一时代最有钱的商人；

福特专心于生产廉价小汽车，结果他成为有史以来最富有和最有权势的人物；

安德鲁·卡耐基专注于钢铁事业，积聚了宏大的财富；

吉列致力于生产安全刮胡刀片，使全世界的男人都能够把脸刮得“干干净净”，这也使他成为一名富翁；

伊斯特曼致力于生产柯达小照相机，这为他赚进了数不清的金钱，也为全球亿万人带来了无穷的乐趣；

比尔·盖茨，也是一条路走到底，钱再多，都只做软件；

零售业的龙头老大沃尔玛，自始至终只做零售；

通用汽车，一百多年来只做汽车与配件；

UPS公司发展到今天，只求用最快的速度把包裹送到客户手中，把业务做到了全世界；

……

可以说，他们的成就都得益于“一生只做一件事”，并拥有着别人无法匹敌的优势。

再看看我们自己和身边那些一事无成的人，“年轻人事业失败的一个根本原因，就是做事没有目的性，他们的精力太过分散，以至于一无所成。”这正是成功学大师戴尔·卡耐基在分析了众多个人事业失败的案例后得出的结论。事实也的确如此，许多生活中的失败者几乎都在好几个行业中艰苦地奋斗过。他们往往以为自己无所不能，所以想在各个方面都出人头地，成为人人羡慕的能手。于是，他们就在别人的怂恿或期待之下，信心十足，觉得自己没问题，既可以当推销员，又可以做公关；既可以跑业务，又可以是搞项目；既可以谈判，又能搞创作；更能投资开公司、当老板……结果呢？得不偿失，落得竹篮打水一场空的下场。

正所谓“术业有专攻”，就像竞技体操一样，有的人跳马好，有的人平衡木好，有的人艺术体操好，没有一个人会是

"全能冠军"，如果我们想抓住手中所有的东西，很可能什么都抓不住了。其实只要抓住自己的所长，做好自己最能做好的事就可以了。

然而，要想在世事喧嚣、红尘滚滚中静下心来，只专注于某一方面，这是一件非常艰难的事。这意味着你要同欲望的诱惑战斗，意味着你有可能放弃很多机会，还意味着你遭遇困难不能退缩，但是只要这样，你就更容易达成心中的目标。

那么，怎么才能做一个"专一"的人呢?

首先，要对自己有一个正确的认识。不仅要相信自己有能力和价值，同时也要认识到自己有缺点和毛病。事实上，正如世界上没有十全十美的东西一样，也不存在神通广大的完人，任何人都有缺点和弱点，任何人也都有无知无能的方面。美国著名的管理学家彼得·德鲁克在《有效的管理者》一书中这样写道："倘要所有的人没有短处，其结果最多是形成一个平庸的组织。所谓'样样都是'，必然'一无是处'。才干越高的人，其缺点往往也越明显，有高峰必有深谷。"因此，我们应当保持这样一种心态和感觉——我知道自己的长处、优点，也知道自己的短处、缺点，我深知自己的潜能和心愿，也看到自己的困难和局限。我们以这种自我认识、相互包容的观念意识付诸行动，就能从自身条件不足和不利环境的局限中解脱出来，不必藏拙，不怕露怯。

其次，不要去嫉妒他人的成功。只要踏踏实实做好自己手头的事情就足够了，别人的成功只能是激励自己前行的动力，却不能因为别人成功，就动摇自己的目标，认准自己的目标，执着地追求，才是最正确的做法。

再次，消灭你的专注力“杀手”。当你不能专注地做事时，找到那些消灭你专注力的杀手，然后消灭它们。一般来说，注意力不集中的原因主要分内因和外因两类：外部干扰包括：噪音，对话，不舒服的椅子和桌子，不合适的灯光，电视，工作，家务，网络，电子邮件等；内部因素包括：饿了，累了，病了，没有动力，感到厌烦，没有兴趣，焦虑，压力和烦恼，消极的想法，白日梦等等。找到这些杀手，一一排除他们。

最后，不要被困难和失败吓倒。吃苦是成功的必要条件，可是很多人害怕吃苦，遇到一点小困难就退缩，这种心态是万万要不得的。不要羡慕别人的成果，要准备下些苦功才行。另外，害怕失败也是很多人的普遍心理，失败让他们裹足不前，甚至一次失败就会对他们终生造成影响。要知道，失败是不可避免的，要将失败当作是一次教训，吸取教训，下次不再犯这样的错误就好了。

总之，世界上最大的浪费就是把一个人宝贵的精力无谓地分散到许多不同的事情上。一个人的时间有限、能力有限、资源有限，想要样样都精、门门都通，绝不可能办到，如果你想在任何一个方面做出什么成就，就一定要牢记这条法则。

成败之间，有时只差一个细节的距离

丢失一个钉子，坏了一只蹄铁；
坏了一只蹄铁，折了一匹战马；
折了一匹战马，伤了一位骑士；
伤了一位骑士，输了一场战斗；
输了一场战斗，亡了一个帝国。

这首西方的民谣已经将细节决定成败的道理诠释得淋漓尽致。马蹄铁上一个钉子是否会丢失，本是初始条件的十分微小的变化，但其“长期”效应却事关一个帝国的存亡。这看起来似乎不可思议，但有时确实会成为事实。

1995年2月17日，世界各地的新闻媒体都以最夺目的标题报道了一个相同的事件：巴林银行破产了。全世界都为此震惊了。这个曾创造了无数令人瞠目的业绩，在世界证券史上占有极为特殊地位的巴林银行，实际上却毁在一个期货与期权结算方面的专家里森的手上。而这一切的诱因，竟然是一个小小的错误账户。

2011年发生的“7·23”动车事故想必许多人仍然记忆犹

新。场面的惨不忍睹、人员的重大伤亡，都让人痛心疾首。但这绝不是天灾，深究起来，列车控制中心设备存在严重设计缺陷、上道使用审查把关不严、雷击导致设备故障后应急处置不力等因素才是造成这起事故的真正原因。

再看看我们身边，《武汉晨报》报道过这样一件事，江汉大学毕业生陈某参加招聘会当天早上，不小心碰翻了水杯，将放在桌上的简历浸湿了。为尽快赶到会场，他只将简历简单地晾了一下，便将简历和其他东西一起匆匆塞进背包。当他结束面试时，一位负责小姐对他说："你是今天面试者中最出色的。"然而，一周后，对方的答复却是："其实招聘负责人对你是很满意的，但你败在了简历上。老总说，一个连简历都保管不好的人，是管理不好一个部门的。"

还有一个女孩经常对好友讲起一段往事：那天晚上，她从男友家里出来，男友说："我送送你吧！"她推辞说不用了。男孩就没有再送。在她走下第三级楼梯时，她听到防盗门"咣当"一声关上了，她的心倏地一片冰凉。后来任凭男孩再怎么努力，她都义无反顾地离开了男孩。

……

可见，没有任何一件事情，小到可以被抛弃；没有任何一个细节，细到应该被忽略。不管是生活中，还是工作中，只要其中一个环节出现差错，其他方面做得再好，所有的努力都可能付诸东流，更可能带给我们惨痛的教训。

不过，尽管道理人人都懂，但并不是人人都能充分注意细节。这就要求我们将细节化成行为，成为一种习惯。正如著名的“铁娘子”、英国前首相撒切尔夫人在谈及习惯与生活细节时曾经说：“有时事务太忙，我也可能感到吃不消，但生活的秘诀实际上在于把90%的生活细节变成习惯，这样你就可以习惯成自然了。”

在爱情中，我们要注意爱的每一个细节，做好每一个爱的细节，让所爱的人在细节中体会我们的真情。例如：记得重要的日子。恋人总是不能记住重要的日子是很多人的一大烦恼。把这些日子存在手机的日历里，或者在办公桌上贴上便签，总之你必须要记住重要的日子，才能不让对方失望；再比如一个早安或晚安的短信。如果发一个窝心“早安”的短信给恋人，他（她）的一天都会过得很开心。用一个可爱的短信叫醒恋人，让他（她）有个美好的一天是一件无比幸福的事情。如果你错过了早晨发短信的机会，别担心，发个晚安给他（她），他（她）也会面带笑意地睡觉，绝对会梦到你。当然，爱情中的细节数不胜数，拂一下她脸上的长发，整整他的衣领，都可以让爱情蔓延在每日生活的细节之中。你要记住：爱情本身就是一种细节。

在与人的交往中，则要注意留意一些不被人注意的小事，不要让自己在言行举止的细节上失分，才会成为社交场合中广受欢迎的人。例如：做客时要吃掉主人给你的东西。去朋友家做客，在咖啡店里碰上别的朋友，他们会热情地招呼你入座，然后请你吃东西。这时候最好别不好意思，不妨大大方方接过来吃，他们若是真心的，你接过来就表示你接纳了他们的热情，他们会自然地感到你的亲切与随和。还有，不要让你的客人孤独地出门。送朋友下楼不仅是出于礼貌，它体现的也是一种情感的交流。如果有朋友到你家做客，就送朋友下楼。虽然朋友口中再三说不用相送，但是如果你陪他一起下楼，这一小小的细节会温暖他回家时漫长的道路，你从此在他心里会有很高的地位，甚至胜过其他的朋友。但是，热情也不可过度，如果客人是一对正处于热恋中的朋友，而他们也再三不要你相送，你只需在看不见他们的身影时轻轻关上门就行了。还要在细节处关心他人，尽量去理解你失意的朋友，如果你尽了力却还是不能让对方开心，那就陪他一起骂“可恶的人或事”，至少他会觉得有人和他有同感。更有可能的是你还没骂够他就反过来劝你了。现在的人们需要的不是物质上的高度满足，而是一种精神上的慰藉，他们需要的或许仅仅只是一份理解的心意。

在工作中，更要抛弃“差不多就行了”的敷衍态度，增强你的责任心。要知道很多人之所以获得成功，主要就得益于他们不放过任何一件小事，不小看任何一件小事，并且认真地做好每一件小事。你可以这样做，例如：在做事之前制订一张计划表，尽可能地将能想到的细节全部考虑进去，并给出多套实施方案，以防止做事过程中出现丢三落四现象。而且完成工作后还需进行反省，总结经验教训。因为在工作中即使再认真小心，也会因认识、能力上的局限，导致一些问题没有处理好。

所以，事后总结经验教训，搞清楚哪些地方可以处理得更好，并将其形成固定的工作流程，也是提高细节处理能人的非常重要的一环。

其实，生活和工作中的点点滴滴都有需要我们关注的细节。虽然并不是所有的细节都能决定成败，但只有养成注重细节和小事的习惯，才能在简单之中为自己的成功构筑坚实的基础，这一点毋庸置疑。

你的自省能力决定了你的优秀程度

一般来说，当意料之外的事情发生时，人们更有可能去推测其中的原因。这就是心理学上的一个重要概念——归因。胜利者的归因方式往往是自省，认为他们能够胜利的原因，在于任务的难度、个人的能力和努力；而失败者则往往外视，把失利的原因归咎到外在事物上，他们认为幸运之神正疏远他们，自己正在走背运。事实上，正是失败者的这种归因偏见让他们在背运的路上一走再走。

下面故事中的两个年轻人就是自省和外视这两种归因方式的代表人物。

有一群年轻人，他们大学毕业后进入同一家外企工作，但是公司要求新员工必须从基层做起。同去的新人总是聚在一起抱怨："这种工作还要我们来做，我看他们就是在打发我们，我才不干呢！"只有一个年轻人没有把抱怨挂在嘴上，相反，他不仅每天认真地做好每一项工作，还经常帮助其他人干活。由于他态度端正，得到了方方面面的称赞。

更难能可贵的是，这位年轻人是个有心人，他有一本工作日记，每天都把自己一天的工作记下来，同时反省在这一天中有什么处理得不恰当的问题。如果有疑问，他就虚心地请教老员工，大家也都很乐意去帮助他。

经过半年的磨炼，年轻人掌握了全部基层工作的要领。但他依然每天记工作日记并反省自己。很快，他就被提拔为基层负责人；又过了半年，他就成了部门的经理。而与他一起进公司的其他员工，则还在基层抱怨着……

生活中有很多像这个年轻人一样的成功者，他们除了只有极个别人是天资极高的“神童”之外，并没有哪个成功者在智力上有什么出类拔萃之处。但是，他们都有一个共同之处，就是都非常勇于进行自省。

自省，即自我反省，就是通过自我意识来省察自己言行的过程，是一种能使自己快速成长和成熟的能力。

自省，可以让你及时在错误的路上止步。及时地自我反省是构建目标行为快速反馈矫偏机制的必要基础。人非圣贤孰能无过，在对新目标追寻的过程中，我们难免会犯这样或那样难以预料和难以觉察的错误，通过自省，就可以发现自身存在的不足而改进，就会不断进步，日臻完善。

著名的经济学家，同时也是华尔街投资公司高级顾问的凯因斯，年纪轻轻时就已经是百万富翁了。一次，凯因斯在谈到自己的成功之道时说：“我有一个习惯，喜欢为自己制定计划……只有计划是不行的，还要严格地执行计划，这就涉及自我反省。我每天都要反省，看一看今天有什么收获，有什么地方做得不好。凡是没有做好的地方，必须得想办法弥补起来。同时，再想一想今天的成绩，用它们来鼓励自己继续努力。用同样的方法，每一个月，每一年都要做这样的自省。”

然而，我们中的大多数人却是犯了错，不肯反省，只想到遮掩。当然遮掩的方式很多，诸如狡辩、诿责、抱屈、怨天尤人，总之是没有勇气面对，很少会反身自问。有了过失而不自知，从而越来越滑向错误的深渊，这只能是自己更进一步的损失。

自省，还可以让你重新发现优点和潜能。自我省察不仅仅是对自己缺点的勇于正视，它还包括对自己的优点和潜能的重新发现。如果能经常反省，就能对自己时刻保持一种清醒的态度，并做到扬长避短，最大程度地发挥自己的潜能，从而获得更大的成功。

艾森身兼商业银行理事会的主席、信托公司的董事长以及大公司的老板，是美国财经界的一位领袖。当别人向他请教成功的原因时，他说：

“几年来我一直有个习惯，就是把每天的活动都记录在一个小手册里。星期天晚上，我总利用那段时间做一周的总反省，然后问自己：‘我是不是犯了什么错误了？该怎么做才好？怎么做才能促进自己的工作？从错误的经验中我学到了什么？’”

“当然，有时候这种反省会把我弄得非常不快乐，惊讶地发现自己的失误竟是那么多。可是，随着日子的过去，自己的大多数短处逐渐被克服了，缺点也愈来愈少。”

其实，每个人都有自己的优点和缺点。有的人因为缺点而全盘否定自己，把那些本来没什么的弱点和不足变成了沉重的心理包袱，压得自己喘不过气来，整天只能在生活的阴影中自怨自艾；但善于自省的人，即使看到自己有不少的缺点，他们也不会否定自己，而是始终用欣赏的目光来看自己，他们会认为即使缺点也是自己的一部分，它们和优点共同塑造了世间独一无二的自己，他们相信自己能够超越缺陷，能够将它转化成自己的优势。

但是，自省既不等同于自怨自艾，也不是求全责备，而是精神层面上的反省，是对灵魂的追问。自省的前提是承认过失，既知其“失”，同时也要知其所以“失”，进而在行动中纠其“失”。自省不是外在的强加，而应该像吃饭睡觉那样成为我们自觉的行为。

自省的方法可因人而异。有人写日记，有人则静坐冥想，在脑海里把过去的事放映出来检视一遍。不管你采用什么样的方式，只要真正有效就行。而自省的内容也不一定全部是反面的，有时候正面的东西也需要加以总结巩固。正确的东西会使你变得更加聪慧，错误的东西会使你变得更加清醒。有人总结出“静夜六思”，对我们也许有一定启发：

我是否完成了今天的目标？

我今天的时间安排是否合理？

我今天学到了什么？

我今天哪方面做得不够好？

我如何做得更好？

我明天的目标是什么？

不过，自省时要切忌走到另一个极端，将自省意识等同于严苛的自责，对自己的失利求全责备，这只能助长自卑的心理，不仅于事无补，还会加深内心的苦痛。

总之，一个人在自己的生活经历中，在自己所处的社会境遇中，能否真正认识自我、肯定自我，如何塑造自我形象，如何把握自我发展，如何抉择积极或消极的自我意识，将在很大程度上影响或决定一个人的前程与命运。换句话说，你可能渺小而平庸，也有可能美好而杰出，这在很大程度上都取决于你是否能够自省。坚持对自己每天所做的事进行反思，就能不断地调整自己人生的脚步，一步步走得踏实，一步步走向成功。

热情的态度远比专业知识更重要

热情，既是一种待人接物的良好心态，也是一种激发自身潜能的巨大力量。因为没有任何一个伙伴愿意与一个整天无精打采的人打交道，也没有任何一家公司会提拔一个在工作中萎靡不振的员工。

但是，现实情况却是——大多数人都是应付工作的，有资料表明，世界上有85%的人并不喜欢自己的工作，他们工作仅仅是为了穿衣吃饭、养家糊口。除了工作的最初几天能够给他们带来从未经历过的新鲜感之外，他们可能从来就没有用满怀激情的心工作过。

那么试问，如果一个人对工作连起码的热情都失去了，还怎么可能有所成就呢？

老师问两个同时来报名的学生：“你们报哪个班？”其中一个说：“我要报英语班。”老师又看向另一个学生，他的回答是：“我爸要我报英语班。”这两个学生在同一个班学习，智力又不相上下，可一年后，那个“我要报英语班”的学生，学习成绩优异，排在全班的前三名；而那个“我爸要我报英语班”的学生，口试笔试都不及格。

原因何在？有位心理学家说得好："绝大多数失败者的生活都是建立在'不得不做'的基础上的。""我爸要我报英语班"的那个学生，他自己本来就不愿学英语，是他爸非要他这么做。没有了原动力，就没有热情，没有积极性，那么，即使不论他有什么能力，都发挥不出来。而那个"我要报英语班"的学生，是自觉自愿的。有了这种愿力，就能产生热情，有了热情，就会主动去做没人强迫自己做的事，这样，才会动脑筋，想办法，克服一切困难去完成，英语就自然能学好了。

事实上，世上许多成功的人和做得好的工作，都是在热情的推动下完成的。例如：美国商界女强人玫琳凯·艾施，在讲述自己成功的秘诀时就说道："有人说我是天生的销售人员，因为我十分热爱销售工作。我确实认为，我早年成功的主要原因是我热爱销售工作。我认为，同我在一起的销售人员比我更有才能，但我的销售额却比他们多，这是因为我比他们具有更多的热情。"而且，她也确实是这样做的。如今，"玫琳凯式的热情"已是众人皆知，她的热情也已成为人们津津乐道的一则传奇。

还有，发明了雷达和无线电报，获得过诺贝尔奖的物理学家爱德华·亚皮尔顿曾说："我认为，一个人想在科学研究上取得成就，热情的态度远比专门知识更重要。"

将热情保持了一辈子的爱迪生，在他80岁高龄的时候，白天仍在实验室里工作一整天，晚上还要回到自己的书房里读两三个小时的书。他活了84岁，一生中的发明有1100多项，而这一切，也正像他自己所言"来自热情"。

成功学大师卡耐基，更是把热情称为“内心的神”。他认为：一个人成功的因素很多，而属于这些因素之首的就是热情。没有它，不论你有什么能力，都发挥不出来。

……

也许很多人会说，谁愿意一上班就无精打采，谁愿意一遇到问题就往后退，我也希望充满热情，我也希望创一番辉煌的事业，可问题是，我到哪里去寻找热情？

有一点需要提醒你：永远别指望热情主动来找你，热情不来自于外在，而来自你自己的心里。

在非洲的一个草原，每天早晨，斑马一睁开眼，想到的第一件事就是：我必须跑得更快，否则，我就会被豹子吃掉。而同一时刻，豹子从睡梦中醒来，首先闪现在脑海的是：我必须跑得更快一些，追上更多的斑马，要不然我就会饿死。于是，几乎同时，斑马与豹子一跃而起，迎着朝阳竞跑。不过，与人类的竞赛不同，这场竞跑没有任何外在的力量在导演，它们奔跑完全是来自内心的驱使——要么生存，要么死亡。只有“为自己跑起来”才能生存，也只有跑起来的动物才能获得比同类更好的生存环境，不管是主动攻击的动物还是被攻击的动物。

事实上，我们人类面对的世界，是一个更加充满变数并且竞争非常激烈的世界，在人生的每一道驿站、每一瞬，我们若消极懈怠、不思上进，都必被时代抛得老远，或是淘汰出局。所以，我们更加需要来自内心的驱使——只要我们已经认定了某个梦想、确定了某一方案，首先想到的就应该是如何热情满满地将自己的想法变为实际的行动。

它意味着，你知道自己应该做什么，并掌握了做的方法，而不是为了逃脱职责寻找借口，你会觉得在生活中做件小事也是很幸福的，每天晚上，你总会从一天的平凡小事中发现乐趣，并且总是兴致勃勃地计划着明天的事。你会发现你学到的东西越多，你想学的东西也越多。面对大自然的勃勃生机，你会从心灵深处发出一种强烈而炽热的感受，并为此而欢欣雀跃，恨不得把周围的世界变成天国；对于人际间的交往，你不会对别人妄加评论，你会愿意帮助别人，从中感到愉快和充实；在压力面前，你也会以更宽阔的胸怀去面对，不会紧张，不会退缩。

这样，当你的内心真的充满热情时，你会发觉很容易摆脱“我不行”“没意思”“一切都无所谓”等消极的观念。那么，无论你从事哪种工作，你都会认为自己的工作是快乐的，并对它怀着浓厚的兴趣。无论工作有多么困难，需要多少努力，你都会不急不躁地去进行，并做好想做的每一件事情。哪怕当下做得并不是很出色，你同样会给得到他人足够的耐心和鼓励，因为他们相信，一个对工作充满热情的人一定潜力无限，百折不挠、竭尽全力。这份热情也一定能帮助你最终获得成功。说得直白一点，向外界展现你对工作的热情，不仅能够在实质上帮助我们在工作中获得成功，更能吸引周围人的注意，因为他们欣赏我们的这种工作态度，从而会给予我们更多发展和提升的机会。这样，我们最终必将获得自己想要的一切。

8

现在所吃的苦，终将照亮你未来人生的路

——扛住了，世界就是你的

除了通过黑夜的道路，人们不能到达黎明

相信我们每个人都曾对自己抱有很高的期望，认为自己应该受到重视、得到重用，应该得到丰厚的报酬。一旦没人关注，得不到重用，工资达不到预期，就会觉得自己编织的梦想彻底破灭，从而失去信心，失去学习、工作的热情，并消极地对待一切。

其实，并非你“独得恩宠”，任何人，在成长过程中，都注定会经历不同的苦难、荆棘。不知道你有没有见过蘑菇是怎样生长的？它们总是长在阴暗的角落，得不到阳光，也没有养料，自生自灭，只有长到足够高的时候才开始被人关注，可此时它自己已经能够接受阳光了——蘑菇生长必须经历这样一个过程，事实上，人的成长也肯定会经历这样一个过程——初入世者常常会被置于阴暗的角落，不受重视或打杂跑腿，就像蘑菇培育一样还要被浇上大粪，接受各种无端的批评、指责、代人受过，得不到必要的指导和提携，处于自生自灭过程中。

可是，这样一段“蘑菇”的经历，对于我们的成长来说，其实并不一定是什么坏事，尤其是当一切都刚刚开始的时候，当上几天“蘑菇”，能够消除我们很多不切实际的幻想，让我

们更加接近现实，看问题也更加切合实际。事实上，许多成功之士，恰恰正是因为这些遭遇，才有了震惊后世的骄人成就。例如苏东坡晚年时，曾把自己平生最有成就的阶段概括为“黄州、惠州、儋州”，此三州正是他横遭贬谪的放逐之所。所以，在我们被看成“蘑菇”时，一味强调自己是“灵芝”并没有用，利用环境尽快成长才是最重要的。只要有积极向上、不屈不挠的韧劲，“阴暗”的角落并非不能生长。

一家知名快速消费品公司的营销总监，就曾经用自己八年的亲身经历来激励他的下属，他说：

“回想一开始做销售时，真的是吃了不少苦头：上门推销被人撵出来，电话营销也遭人冷言冷语；做不出业绩，眼看着公司到了月末又要开一批人，再不出业绩，马上就要出局，心理压力别提有多大了。每次到了领薪水的时候，看人家那么高的提成，自己的钱包却总是鼓不起来，我心里很不是滋味，也想到过放弃。可是，最后我还是咬牙挺了过来，我非要把不可能变成可能！

慢慢地，我开始明白，做生意要主动，还要掌握要领；跟客户打交道既要哄着供着，也不能过分迁就，要让客户跟着你的思路走，而不能套在他的路子里——那完全是进了条死胡同。我还发现，要做好销售，掌握别人的心理很重要，于是我就利用业余时间去进修了营销学方面的一些课程，这也给了我很大帮助。 到了第四年的时候，我已经成功地做了不少大生意。再到后来，我开始转向营销管理，升到主管、经理、大客户经理。最后，到了现在的营销总监。

这八年，我觉得自己就像一颗蒲公英的种子一样，被吹到了土壤并不肥沃的地方。但我把种子深深地扎进去，拼命地向上生长，就享受到了更多的阳光和雨露，最终才能生根发芽。”

可以说，我们所经历的“蘑菇时期”，就像蚕茧，是羽化前必须经历的一步，谁想从这一步跳过去，谁就会栽跟头。不想被苦难、荆棘击倒，就必须收起你的玻璃心，忍受生活的平庸，否则就只能用一生去忍受平庸。正如纪伯伦的一句名言所说：“除了通过黑夜的道路，人们不能到达黎明。”所以，当你人生的黑暗时期出现，你反而更加不能丧失希望，而是要鼓励自己坚持走下去。

很多人在“蘑菇经历”时最容易产生的念头，就是放弃。但是，成功和梦想不是圣诞树，不会在一夜之间华灯璀璨、堆满礼物，真正的成功，只属于坚持不懈的人。只有认准目标，不断坚持，在“蘑菇经历”中积累一些可贵的经验和素质，才能为以后的“厚积薄发”做好铺垫，幸运女神才会有可能把成功的桂冠戴在你头上。

当然，更不能因为他人而阻挠了我们自己前进的脚步。要知道，无论是多么优秀的人才，在没有成功时，也往往会遭遇歧视、侮辱等不公平的对待，但你千万不要停留在对这些问题的纠缠上。明智的做法是，自强自立，不断增强自身实力，以实际行动来证实自己的价值。

其实，很多时候，真正让你变得沮丧的，还可能是自己的好高骛远。尤其是对于刚刚参加工作的人来说，初进公司，往往都会被安排去做一些比较琐碎的、平凡的工作。所以你不要对自己的期望值太高，不要一开始就想得到重用，拿到丰厚的待遇。更不能在要求得不到满足时，牢骚、抱怨满腹，那样只能使自己丧失信心，萎靡不振，破罐子破摔，永远去做蘑菇。在工作中，把每一件简单的事做好就是不简单，把每一件平凡的事做好就是不平凡。平凡的工作照样能表现出你优秀的一面。认真对待你现在所从事的工作，并全力以赴地做好它，这才是一切事业的开始，同时为以后打下坚实的基础。

总之，你必须放下所有的自卑、自负和骄傲，心态归零，以足够的坚毅和忍耐，度过你人生中的“蘑菇期”。因为任何美好的事物都不是信手拈来的，不是一蹴而就的，不是一帆风顺的。它必须在痛苦的泪水中孕育，在忍耐的土壤里生根，在等待的岁月中发芽，在坚守的季节里开花。它必须忍受无数次量变的痛苦，才能升华到质变的美丽。所以，无论如何，请坚持下去！

恰到好处的压力正是最好的动力

我们都知道，亚健康的来源大部分是压力，因此，说到压力，我们常常听到有许多人总是抱怨，压力要把他们逼疯了，沉重的压力使他们快要崩溃。

这种说法显然有失偏颇。其实，压力带给人的感觉不仅仅是痛苦和沉重，它也能激发人的斗志和内在的激情，使你兴奋，使你的潜能被开发。例如，问及任何一个作家或艺术家关于灵感的产生过程时，他们常常会告诉你，自己最好的作品往往都是经历了各种痛苦、挫折之后才创作出来的。压力往往先于或者伴随着创造性的突破而产生。

有这样一个故事：

一次马拉松比赛时，冠军是一位名不见经传的年轻人。他是第一次参加马拉松，而且还打破了世界纪录。因此，当他冲过终点时，许多记者蜂拥而上，不断地问："你怎么会有这样好的成绩？"

年轻的选手气喘吁吁地回答："因为，我身后有一匹狼！"听他这么一说，所有的人全都惊恐地回头张望，当然，他身后没有什么可怕的东西啊！这时，他继续说：“三年前，我在一座山林间，训练自己长跑的耐力。每天凌晨，教练就叫我起床练习，但是，即使我尽了全力练习，却一直都没有进步。”

年轻人这时停下脚步，坐在地上继续说：“有一天清晨，在训练的途中，我忽然听见身后传来狼的叫声，刚开始声音很遥远，但是没几秒钟的时间，就已经来到我的身后，当时我吓得不敢回头，只知道逃命要紧。于是，我头也不回地往前跑，而那天我的速度居然突破了！”

年轻人停下来，喝了一口水后说：“教练当时对我说：‘原来不是你不行，而是你身后少了一只狼！’我这才知道，原来根本没有狼，那是教练伪装出来的。从那次之后，只要练习时，我都会想象自己身后有一只狼正在追赶，包括今天比赛的时候，那匹狼依然追赶着我！”

这只狼，其实就是压力。即使它会让你伴随着负面的情绪，如害怕、紧张、烦躁等等，但只要你在压力来临的时候不畏惧、不逃避、不迷惑，相信自己并绞尽脑汁去思考转危为安的方法，那么，它就能激发出人强大的精神力量。

要知道，人身上有无限的潜能，在没有压力的时候，它在心中“深藏不露”，而一旦受到外界压力的刺激，它就会喷发出来，使你显现出超凡的智慧和能力，所以，在你能承受的情况下，还是欢迎压力的“欺压”吧。

美国麻省的艾摩斯特学院就曾经做过一个很有意思的实验：

实验人员用很多铁圈把一个小番瓜整个箍住，然后观察当番瓜逐渐长大时，能够承受铁圈多大的压力。最初他们估计番瓜最大能够承受大约500磅的压力。在实验的第一个月，番瓜承受了500磅的压力；实验到第二个月时，这个番瓜承受了1500磅的压力；当它承受到2000磅压力时，研究人员必须把铁圈捆得更牢，以免番瓜把铁圈撑开。最后整个番瓜承受了超过5000磅的压力，瓜皮才产生破裂。

最后的实验是，实验人员把这个番瓜和其他番瓜放在一起，试着一刀剖下去，看质地有什么不同。当别的番瓜都随着手起刀落噗噗地打开的时候，这个番瓜却把刀弹开了，把斧子也弹开了，最后它是用电锯锯开的：它果肉的强度已经相当于一株成年的树干！因为在试图突破铁圈包围的过程中，它的果肉变成了坚韧牢固的层层纤维。为了吸收足够的养分，以突破限制它成长的铁圈，它的根部甚至延展超过8万英尺，所有的根往不同的方向全方位地伸展，最后，这个番瓜独自接管了整个培植园的土壤与资源。

小小番瓜所能够承受的压力大到超乎想象，其实我们人类又何尝不是如此？日复一日，年复一年，我们从事着自己所熟悉、擅长的工作。但如果我们愿意回首，细细审视，将会恍然大悟：正是看似紧锣密鼓的工作挑战、永无休止难度渐升的环境压力，在不知不觉间养成了我们今日的非凡能力。所以说，有时我们排斥、痛恨、逃避压力，还不如就那么承受着，顶着压力让自己不断前进，也让自己不断提高。

当然，想要完成压力与动力之间的转换，还需要你掌握好压力的强度。没有压力我们会松懈，而压力过大，我们又会丧失信心和激情。那么，压力和动力之间的最佳平衡点在哪里呢?

心理学上将这个点称为“贝克尔境界”。世界网坛名将贝克尔之所以被称为常胜将军，其秘诀之一即是：在比赛中自始至终防止过度兴奋，保持一种轻松而不放松的心态。这就是“贝克尔境界”，也就是人们常说的“度”。

我们再来看这样一个故事：

有一艘轮船，卸货后，在返航途中遭遇到了可怕的风暴。水手们惊慌失措，经验丰富的老船长却果断地命令水手们立刻打开货舱，往里面灌水。“船长是不是疯了，往船舱里灌水只会增加船的压力，使船下沉，这不是自寻死路吗？”年轻的水手们嘟囔着。但是看着船长严厉的脸色，水手们还是照做了。

随着货舱里的水位越升越高，随着船一寸一寸地下沉，依旧猛烈的狂风巨浪对船的威胁却一点一点地减少，货轮渐渐平稳了。

船长望着松了一口气的水手们说：“百万吨的巨轮很少有被打翻的，被打翻的常常是根基轻的小船。船在负重的时候，是最安全的；空船时，则是最危险的。当然这种负重是要根据船的承载能力界定的，适当的压力可以抵挡暴风骤雨的侵袭，但如果是船不能承受之重，它就会如你们担心的那样，消失在海面。”

老船长就是运用了“贝克尔境界”的原理，才使得人船俱存。

人也是一样，当你没有了激情，生活懒懒散散，那就给自己加压，定下一个目标，按限期完成；当你感到压力使你身心疲惫时，你就要进行纾解，放下一些攀比和力不从心的追求。如此，才能赋予我们生命以更新颖的意义，才能让潜力发挥到极致，而我们的世界也会因此而精彩绝伦。

日后的成功是对曾经的轻辱最好的报复

每个人每一天，都要做出难以数计的情绪反应，这些情绪反应包含正性情绪，也必然包含负性情绪。

正性情绪当然是我们乐于体验的，这时我们做事往往得心应手，顺风顺水。然而，人生并不都是愉快的时刻，愤怒、悲哀、焦虑、恐惧、内疚、忧郁等负性情绪却又是难以避免的，它们除了给我们带来消极的心理体验，还会对人的认知、为人处事等造成不利的影响，所以人们往往对它们持否定态度。

其实，负性情绪也并非全无益处。一个善于掌控自己情绪的高情商人士，是能够从消极的情绪中获得巨大力量的。

这其实就是情绪的一种“升华”。其本质就是将消极的情绪与头脑中的一些闪光点联系起来，将痛苦、屈辱、烦恼、忧愁等其他不良的情绪，转化为积极而有益的行动。比如，当我们考试的成绩不是很理想时，我们可能会情绪低落。但如果我们不甘心落后与失败，振作精神，奋起直追，就把消极情绪转化为积极的行动了。中国有句古话叫“知耻而后勇”，说的也是这个意思。

让我们再看看下面这个故事：

在美国得克萨斯州的一个著名的度假村，每到周末，许多有钱人就到那里度假、游玩。

吉姆是其中一名厨师，那一天，当他像往常一样正在厨房里忙碌不堪时，服务生突然端着一个盘子走进来，对他说："有位客人点了这道油炸马铃薯，他抱怨切得太厚了。"吉姆仔细看了看，觉得同以往的油炸马铃薯并没有什么不同。而之前从来没有客人抱怨切得太厚。尽管如此，吉姆还是努力将马铃薯切得更薄了些，重新做了一份让服务生送过去。

可几分钟后，那个服务生气呼呼地又回来了，他对吉姆说道："我想那位挑剔的客人一定是遇到什么麻烦了，就把气发泄到我们身上！他对我大发牢骚，还是嫌切得太厚了！"忙碌的中吉姆却依旧忍住了脾气，他静下心来，耐着性子将马铃薯切成薄薄的片状，然后放入油锅中炸成诱人的金黄色，捞起来盛到盘子里，撒上葱，然后第三次让服务生送过去。

这次，没过一会儿，服务生就高兴地端着空盘找到吉姆："客人满意极了，他说这是他一辈子吃过的最好吃的马铃薯，同桌的其他客人也都赞不绝口，他们还要再来一份！"

从此，这道炸马铃薯就成了吉姆的招牌菜，许多人慕名前去品尝，而吉姆也因此一举成名，成为全度假村最有名的一位厨师。

受到批评，实在是一件让人高兴不起来的事情，即便是很亲近的人，批评起来也会让人觉得不大舒服，难免会产生抵触和抱怨情绪，但是，故事中的吉姆却将这种情绪升华为可进步的机会，从而获得了成功。

事实上，许多成功人士取得成功秘密恰恰也是：早年所感受到的某种消极情绪，升华为有力的行动。例如，伟大的政治家拿破仑。幼年时的拿破仑被送进一所贵族学校。当时，他的父亲是一个潦倒的贵族，而他的同学都是有钱有地位家庭的孩子。因此，他们经常夸耀自己的富有而讥讽拿破仑的贫穷，使小拿破仑的自尊心大受伤害。于是他不想在这里读下去了，但是父亲写信对他说："我们没有钱，但是你必须在那里把书念完。"拿破仑只好在那所学校忍受了5年的折磨。但是那里的每一种嘲弄、每一种轻侮，都增加了拿破仑出人头地的决心，他渴望以实际行动让这些愚蠢的富人们看看：他比他们优秀。事实也确实如此。

可见，受一时之辱并不可怕，关键看你如何对待耻辱。情绪上的对立和反击甚至报复，是无济于事的，你并不会因此而得到一点好处、一丝长进，也不会因此就一下子令人折服。最好的做法就是——升华情绪，以事业的成功来洗刷侮辱。要知道，这世间最好的"报复"，不是运用那股不平之气，使自己能够吐一时之快，而是用一种成功之后的坦荡胸怀，对待你当年的敌人，对待那些曾经让你坚强不息的敌人。

事实上，人类有几种本性除非遭到巨大的打击和刺激，是永远不会显露出来，永远不会爆发的。这种神秘的力量深藏在人体的最深层，非一般的刺激所能激发。但是每当人们受了讥讽、凌辱、欺侮以后，便会产生一种新的力量来，发挥出自己的强项，做从前所不能做的事。从这个意义上来说，我们反而应该感谢那些对自己不公平的人或事，因为正是他们的所作所为激发出了你的潜能，成为你迈向成功的贵人。

当然，我们并不是在宣扬负性情绪是一个人成功的元素，我们要说的是，如果你遭受到不幸的事情，那也不要让你负性情绪主宰了我们的人生。有一副对联说得好：你无法改变天气，却可以改变心情；你无法控制别人，但能够掌握自己。横批是：操之在我。就是说要把负性的情绪升华为奋斗的动力。当我们把它们化为我们的动力之后，我们还可能从痛苦中挺立起来，进入一种豁达的境界；而对于那些曾经带给我们负性情绪的人和事，我们也可能会变得释怀。

没有任何东西能够高过希望对于人的价值

在漫长的人生旅途中，我们无一例外地会遭遇失去——失去财物，失去既得利益，失去健全的肢体，失去升学、就业、晋级、发财的机会……但，失去什么也不能失去希望。因为失去钱财，可以再赚；失去机会，可以再等待。如果失去了希望，那么你已经拥有的一切都将消失，而且你也没有争取美好事物的机会和可能了。

希望是什么？美国作家欧·亨利在他的小说《最后一片叶子》里讲了这样一个故事：

病房里，一个生命垂危的病人，从房间里注视着窗外的一棵树。在秋风中，树上的叶子一片片掉落下来。病人看着眼前的萧萧落叶，身体也随之每况愈下，一天不如一天。她说：“当树叶全部掉光时，我也就要死了。”

一位老画家得知后，用彩笔画了一片叶脉青翠的树叶挂在了树枝上。这最后一片叶子始终没掉下来。只因为生命中的这片绿，那位病人竟奇迹般地活了下来。

其实，让这个生命垂危的病人生存下来的东西，就叫作希望。它就像一盏小小的灯火，让我们在苦难中看到光明和美好的一面；它可以帮助我们在内心产生一种力量；它还会让我们相信暂时的不如意是可以转化的。希望，可能是你所信赖的人的肯定言语，可能是你内心对未来生活的美好憧憬，也可能只是你为自己描绘的一幅美景……其实，希望是什么并不重要，重要的是，它可以支撑我们在任何时候都充满力量、满怀豪情地走向未来。

为切断一处废弃的石油管道，一架运输机正在飞越一片戈壁滩。突然，一场特大的沙尘暴袭来。幸运的是，飞机成功地迫降了。

可是，正当飞机上仅有的三人——驾驶员，设计工程师，导航员为劫后余生欢呼的时候，却发现自己正身处戈壁滩深处，更为要命的是：飞机严重受损，无法重新起飞；通讯设备全部损坏，无法与外界取得联系……望着茫茫一片的戈壁滩，大家顿时感到死亡正在向自己一步步地逼近。

为了不同的逃生方案，驾驶员和导航员发生了激烈的争吵，谁也说服不了谁，发展到最后竟然拳脚相向地抢起了食物和水来。

在这紧要关头，一直坐在一边儿苦苦思索的设计工程师冲了过来，一脸兴奋地说道："你们两个谁也不要再争了……"

“怎么，难道你有更好的逃生办法？”两个人异口同声地问他。

设计工程师笑了笑，说：“我刚才大致检查了一下飞机，发现飞机的主要部件并没有损坏，只要你们两个都听我的指挥，我可以把飞机修好的！”

驾驶员和导航员立即停止了争斗，赶紧按照设计工程师的话忙碌起来。为了躲避烈日炙晒，大家就白天休息晚上干活；为了节省食物和水，大家就两餐并做一餐吃……而飞机的修复工作，也在有条不紊地紧张进行着。可几天都过去了，飞机还是没有修好。

一次偶然，导航员竟然发现，设计工程师根本就不会修理飞机，他只是在不停地重复着一些装卸工作。导航员恼羞成怒起来，一把抓起设计工程师的衣服领子：“好你个骗子，在这身陷绝境的时候，你还不忘欺骗我们啊……”

“不，我没有欺骗你们！”设计工程师冷静地分辨。突然，他兴奋地挥舞着手：“来呀，救救我们——”顺着设计工程师手指的方向望去，导航员发现一队商人的驼队正在远处不紧不慢地晃动着。

三个人得救了。喝着商人递过来的水，设计工程师开心地笑着说：“怎么样，我没有欺骗你们两个吧？”驾驶员和导航员顿时醒悟过来了。

如果在困难面前你感到了绝望，就等于是自己从精神上断送了自己的“生路”。人一旦有了绝望感，便会失去斗志，失去生存下去的勇气。如果我们不放弃心中的希望，那么所有苦难都会被我们克服。三个人之所以脱离了险境，凭借的就是设计工程师在自己和他人心中种下的小小希望。

其实，许多劫后余生的人都有相似的经历。美国一家电视台就曾经录制了一期别开生面的谈话节目，导演请来的都是曾经有遇险经验的人。有些人是在沙漠中迷路十几天最后获救的；有人是在地震时披困在乱石中，在快渴死的时候被解救的；还有人遭遇过海啸、泥石流等灾害。这些劫后余生的人的经验几乎是一致的：面对灾难，最重要的就是找到希望，反复告诉自己再坚持一下。而奇迹，也确实总是会在那些求生欲望强烈的人面前出现。

成功学大师拿破仑·希尔说：“没有任何东西能够换取希望对于人的价值。当我们面对失败的时候，当我们面对重大灾难的时候，我们都应该将人生寄托于希望，希望能够使我们淡忘自己的痛苦，为我们汲取继续走向成功的力量。”在这个世界上，有许多事情是我们所难以预料的。我们不能控制际遇，却可以掌握自己；我们无法预知未来，却可以把握现在；我们不知道自己的生命到底有多长，但我们却可以安排当下的生活；我们左右不了变化无常的天气，却可以调整自己的心情。只要活着，就有希望；相对的，只要抱有希望，生命便不会枯竭。哪怕只有1%的希望，只要你有勇气、有决心、有毅力去克服它，并付诸努力，困难便会在你面前退却，你就会迎来新的希望，新的生活。

总之，人生可以没有很多东西，却唯独不能没有希望。当我们遭遇挫折打击，理想实现不了而苦恼时；当艰难困苦一起涌来，考验我们的意志和品性时，请不要忘记：不论希望大小，只要我们抱有希望，只要我们去期待、去坚持、去实现，生命必将变得美好而有意义。

有一种知识，除了挫折你无处可得

在我们每个人的一生中，挫折、困难甚至绝境都是避免不了的，没有人能够一帆风顺，命运总是在我们的道路上设下障碍，让我们去经历种种挫折与苦难。有的人轻易地转身离开了，有的人犹豫了半天最终也放弃了，这些人都是各种各样的失败者。然而，还有一部分人，他们反而成功了。

看到这些人，也许你会说他们是“运气好”，但其实并不是你想的那样。他们的成功之处，恰恰在于他们将种种挫折看作是一种幸运。

一位教授把一个毕业班学生的成绩打了个不及格，这件事对那个学生打击很大。因为他早已做好毕业后的各种计划，现在却不得不取消，真的很难堪。如今，摆在他面前的只有两条路可走：第一是重修，下年度毕业时才拿到学位。第二是不要学位，一走了之。

抱着一线希望，学生找到了这位教授，希望可以通融一下。在知道不能更改后，他大发脾气，向教授发泄了一气。

教授等待他平静下来后，对他说：“你说的大部分都很对，确实有许多知名人物几乎不知道这一科的内容。你将来很可能不用这门知识就获得成功，你也可能一辈子都用不到这门课程里的知识，但是你对这门课的态度却对你大有影响。”

“你是什么意思？”这个学生问道。

教授回答说：“我能不能给你一个建议呢？我知道你相当失望，我了解你的感觉，我也不会怪你。但是请你用积极的态度来面对这件事吧。这一课非常非常重要，如果不由衷地培养积极的心态，根本做不成任何事情。请你记住这个教训，五年以后就会知道，它是使你收获最大的一个教训。”

后来，这个学生又重修了这门功课，而且成绩非常优异。

离开之前，他特地向这位教授致谢，并非常感激那场争论。“那次不及格真的使我受益无穷。”他说，“看起来可能有点奇怪，我甚至庆幸那次没有通过。因为我经历了挫折，并尝到了成功的滋味。”

事实上，我们每个人都应该感谢挫折。你所经历的每一次不幸，都可能成为你在品格和秉性上实现飞跃的机遇。没有在逆境中的奋斗与磨炼，就很难让自己获得更大的进步，也难以让自己的生命焕发光彩。从挫折中走出来的人，会更加成熟、更加自信，意志力也更强大。这样，当我们以后再次面对挫折和逆境时，也更容易扛过去。

对此，有一位赫赫有名的集团老总就深有体会。他在年轻时穷困潦倒，家徒四壁，没有人看得起他。一贫如洗的生活让他不得不四处寻找赚钱的机会，他对成功充满了热切的渴望。

后来他只身下海，从小本生意开始，在短短的10年内，把一家手工作坊扩张成了资产达亿元的私营企业。有记者采访他："如果你能出生在城市，受良好的教育，有稳定的生活环境，或许你现在的成就会更大。"他沉默了一会儿，说："也许可能。但我相信，如果我不是生活在农村，没有经受过那么多苦难，而像其他城市人一样有衣穿，有房住，被人看得起，我会心安理得地过下去，绝不会开办什么家庭作坊。从这个意义上说，我要感谢我所经历的磨难。"

在漫漫人生路中，紧密地策划未来的行程，并且谨慎地向前行，这当然是很好的人生方式。可是人生永远是个未知数，谁都不知道明天会发生什么样的事情。当磨难来临的时候，一方面它会让你不堪承受，另一方面也会让你倍感踏实。这种踏实的感觉，就像是双脚牢牢地踩在土地上，不断从土地中汲取力量。正如我们所知，金子只有经过大火的锤打、冶炼才能熠熠生辉；宝石只有经过熔岩的冶炼才能成就夺目光芒；珍珠只有经过血与肉的痛苦磨合才能拥有晶莹圆润；在最黑的土地上总是生长着最娇艳的花朵，而那些最伟岸挺拔的树也总是在最陡峭的岩石中扎根，昂首向天。其实人与金子、宝石、珍珠、花朵、树木都是一样的——只有在人生的道路上经历挫折，正视挫折，在挫折中成长，才能最终迈向成功。

在蛾子的世界里，有一种飞蛾，名字叫做"帝王蛾"。能称得上是蛾中之王的它们，具有比其他飞蛾更大的体型，它们的翅膀也比普通的蛾子更加有力。帝王蛾的幼虫时期是在一个洞口极其狭小的茧子中度过的。当它的生命要发生质的飞跃时，这天定的狭小通道对它来讲无疑成了鬼门关。那娇嫩的身躯必须拼尽全力才可以破茧而出。太多太多的幼虫在往外冲杀的时候力竭身亡，有人便拿来剪刀，把茧子的洞口剪大。这样一来，茧中的幼虫不必费多大的力气，轻易就从那个牢笼里钻了出来。但是结果却是——所有因得到了救助而见到天日的蛾子都不是真正的“帝王蛾”，因为它们无论如何也飞不起来，只能拖着丧失了飞翔功能的累赘的双翅在地上笨拙地爬行！

原来，那“鬼门关”般的狭小茧洞恰是帮助帝王蛾幼虫两翼成长的关键所在，穿越的时刻，通过用力挤压，血液才能顺利送到蛾翼的组织中去；唯有两翼充血，帝王蛾才具备了上苍赐予的神奇力量，成为蛾子中最优秀的个体。

其实，人生中大多数的失败，最后也都不是败给了挫折，而是败给了逃避挫折的自己。如果你可以走过去，再回首，就会发现自己走过的路是神圣的，挫折竟是你身后一对飞翔的翅膀，闪耀着金色的光芒。

正如罗曼·罗兰所说，痛苦就像一把犁，它一面犁破了你的心，一面掘开了生命的新起源。受挫一次，对生活理解就更进一步，失败一次，对人生理解就加深一层，失误一次，对人生的醒悟就增添一阶，不幸一次，对人世的认识就成熟一级，磨难一次，对成功的内涵就透视一层。这让我们更加成熟，更加坚韧，使我们谱出更加壮美的生命之歌。

生活是不公平的，你要去适应它

你是不是经常说过或听到别人说过这样的话：

“这不公平！”

“既然他们能做，我为什么不能做？”

“因为我没有那样做，所以你也没有权利那样做。”

……

其实，我们整天要求的公平合理，并不是真实存在的。这个世界本身就不是根据公平的原则而创造的，譬如，鸟吃虫子，对虫子来说是不公平的；蜘蛛吃苍蝇，对苍蝇来说是不公平的……世界上不公平的事情实在是太多了。但是如果你为此仇视不公平，背地里唉声叹气，指责抱怨，这或许能解一时之气，但不能改变实质。

不要奢望自己成为上天的宠儿，假如生活欺骗了你，给了你诸多不公平的待遇，那么请你接受比尔·盖茨的忠告：“生活是不公平的，你要去适应它。”

让我们看看凸点系统的发明者普瑞尔的故事。

普瑞尔生于巴黎附近一个小镇，父亲开了一家皮革店，因此，普瑞尔也常常到店里玩耍。就在普瑞尔三岁时的一天，命运给了他第一个不公平的待遇。父亲因为有事离开了店铺，普瑞尔便一个人在店里玩，不幸用小刀划伤了左眼，导致左眼失明了。从此以后，陆陆续续的不公平接连降落在普瑞尔身上。

普瑞尔的左眼失明后不久，右眼就受到发炎影响也看不见了。从此，才3岁普瑞尔便失去了用眼睛看世界的能力。然而，普瑞尔并没有因此变得沉默、郁闷，他仍然像未失明时那样活跃快乐。他五六岁时也和其他小孩一起去学校上课。

10岁时，在巴黎启明青年学院，普瑞尔开始读大凸字的书。不过，由于字母非常大且凸出纸面，一本小书往往有几寸厚；书虽然十分厚重，内容却不多。也就是从这时候起，普瑞尔有了一个梦想："一定有方法可以让盲人像正常人一样学习，一定有方法让盲人能更方便地阅读。我一定要找出这个方法来，一定要！"

15岁时，他受到陆军上尉巴比业发明的军令暗码的启发，并经过无数次的研究和组合，终于将字母以不同的点和位置组合表示出来，盲人只需用手指触摸这些不同点、位的组合，就可以读出字母甚至文章(以下我们将之称为凸点系统)。

然而，当普瑞尔在学院公布这个新方法时，反而受到别人冷嘲热讽。不过，普瑞尔却没有气馁，他对这个方法充满信心，并且不断改良打凸点的方法，终于在20岁时，他的普瑞尔凸点系统正式完成了。

不过，普瑞尔凸点系统也和他本人一样受到了不公正的待遇，毫不重视的有，极度埋怨的也有。不过，直到普瑞尔去世之前，他都未曾放弃过。不管到哪里，他都努力宣传他的凸点系统，并教导学生使用。

因积劳成疾的普瑞尔在他43岁生日后两天去世，临终时，他说："人心是非常难了解的，但我相信我在地球上的使命已经完成了。"说完不久，便含笑而终。时至今日，这个系统在世界已经普遍为盲人所使用。

对于普瑞尔来说，命运何其不公！可以说他的人生之旅没有一步是顺利的，但他并没有自怨自艾、自暴自弃，反而创造了一个造福所有盲人的奇迹！

其实，生活中许多不公平的经历我们都是无法逃避，也是无从选择的，我们每个人每天都在过着不公平的生活，但快乐或不快乐，是与公平无关的。承认生活中充满着不公平这一事实，便是能激励人们去尽己所能，而不再自我伤感，我们知道让每件事情完美并不是"生活的使命"，而是我们自己对生活的挑战。而且，承认生活并不总是公平这一事实，并不意味着我们不必尽己所能去改善生活，去改变这个世界；恰恰相反，它正表明我们应该这样做。因为唯有适应当下的环境，才会有机会去改变自己的处境。

一个年轻人常常抱怨公司领导不重视自己，对自己不公，有什么好创意却得不到领导的赏识。一次次的会议，自己作为普通职员没有参加的机会，而那些衣着光鲜的高级经理只是动动嘴皮子便决定了他的生死。

有一天，他找到了一位智者，向他讲出了自己的烦恼，智者听后什么也没说，却把他领到了海边，智者捡起一块石头，抛了出去。

智者问："你能把我刚才扔出去的石块捡回来吗？"

"我不能。"年轻人回答

"那如果我扔的是一粒珍珠呢？"智者再问，并别有深意地看向年轻人。

年轻人恍然大悟。

其实，很多时候，我们之所以没有受到公平待遇，或许正是因为自己只是一块平淡无奇的石块，没有被注意的价值。要想引起注意，要想有自己的立场和声音，你先要站起来去为自己争取。努力才能提升你的价值，成为珍珠你才能引人注意。

这就好比在寺庙里，铺在地面上的是石头，打磨成佛像的也是石头，同样是石头，一个被人践踏，一个被人膜拜，看起来好像真的很不公平。可是静下心来想想，为什么人家要选这块石头而不是那块石头做佛像呢，肯定是因为这块更有资质，或许是它的质地纹理、或许是它的形状块头。而且成为佛像，也是要忍受着一锤一锤的敲击，一刀一刀的切割，就如同凤凰浴火，涅槃重生。如果你自信也有这种资质，那么也许有一天你也会被石匠发现，即使成不了佛，成为一个石磨，成为一个石杵，又有何不可呢？

不公平的确客观存在，但你不能因为没有绝对公平的起跑线和绝对公平的机会，就宣布退出人生的角逐和比赛。一个心胸开阔的人，总是能够正确地看待自身与他人的差别，既不会自轻自贱，崇拜英雄或偶像，把任何人都看得比自己优越，也不会盲目自信，无谓地贬低他人。他不会计较在每件事上是否都公平，而是在逆境中不断增进自己的实力，在精神上不为这种现象所压垮，然后努力使这个世界看起来公平一点。

你所害怕的绝不会比你想象的更可怕

关于恐惧，弗洛伊德有一个绝妙的解说：一个人置身于非洲丛林，看见蛇会感到恐惧，这是很正常的事，这种恐惧感有利于保护自己。但如果一个人居住在房间里也感到恐惧，以为在他的房间里有一条蛇正藏在地毯下面，那么，这种恐惧就是病态的、不正常的。

如果仔细研究一下我们对困难的许多恐惧，它们其实就像弗洛伊德所说的地毯下的蛇一样，是人为幻想出来的。也就是说我们只是把生活中、工作中、交际中、个人发展中遇到的困难看大了，看重了、看深了，看成不可逾越的障碍。放大了困难，也就小了心眼，小了气度、小了勇气、小了克服困难的办法。

哈佛大学就曾经对150名成功人士进行过调研，发现有24个人一直信心满满，坚信自己可以获得成功；有58个人认为尽管有一些意外的因素存在，但是值得去尝试一下；而剩下的68人一开始则感到有些困难，但是当他们专注进去并获得成功的时候，会发现其实成功真的没有想象中的那么难。例如在那68个人当中，有一个是哈佛的毕业生爱德华，他和朋友们在硅谷开了一家小科技公司，当时他认为硅谷竞争激烈，自己想要闯出一番名堂实在很困难，他难以想象自己有一天可以像其他科技公司的老总一样成天炫耀自己的产品。若不是朋友极力地劝说和挽留，爱德华甚至想要退出这个团队，他甚至觉得在一家小公司当个职员也比这样要强。但经过一段时间的接触，爱德华发现其实工作并不像想象中那么难。尽管开始的时候遭遇到了一些困难和问题，但是总体来说，并没有造成什么重大的麻烦，事实上，只有短短一年的时间，这家公司就开始声名鹊起，包括谷歌、亚马逊和微软公司都向他们伸出橄榄枝，希望购买他们的专利，或者与之进行紧密的合作。

其实，很多时候，并不是因为事情难，我们不敢做，而是因为我们不敢做，事情才难的。当你遇上困难的事，只要敢于试一试，就会觉得并没有什么，也没有你原先想象的那么可怕。

大学毕业后，琼斯如愿进入当地的《明星报》，担任记者。这一天，上司交给他一个重要任务：采访大法官布兰代斯。

然而，第一次接到重要任务的琼斯却并不是欣喜若狂，而是愁眉苦脸。他想：自己任职的报纸又不是当地的一流大报，自己也只是一名刚刚出道、名不见经传的小记者，大法官布兰代斯怎么会接受他的采访呢？

了解了他的苦恼后，同事史蒂芬拍了拍他的肩膀，说：“我很理解你。让我来打个比方——这就好比躲在阴暗的房子里，然后想象外面的阳光多么的炽烈。其实，最简单有效的办法就是往外跨出第一步。”

说着，史蒂芬拿起琼斯桌上的电话，接通了布兰代斯的办公室电话。接电话的是大法官的秘书，史蒂芬直截了当地道出了他的要求：“我是《明星报》新闻部记者琼斯，我奉命访问法官，不知他今天能否接见我呢？”

旁边的琼斯吓得目瞪口呆，而史蒂芬则是一边接电话，一边还不忘抽空向琼斯扮个鬼脸。接着，琼斯听到了史蒂芬的答话：“谢谢你。明天中午1点15分，我准时到。”

按断电话的史蒂芬向琼斯扬了扬话筒，“瞧，直接向人说出你的想法，不就管用了吗？明天中午1点15分，你的约会定好了。”

一直在旁边看着整个过程的琼斯面色放缓，似有所悟。

多年以后，昔日羞怯的琼斯已成为《明星报》的台柱记者。回顾此事，他仍觉得刻骨铭心：“从那时起，我学会了单刀直入的办法，做来不易，但很有用。而且，第一次克服了心中的畏怯，下一次就容易多了。”

确实如此。当困难降临的时候，如果你不正眼看它，不正面迎它，只想处处躲它，自己就会变成能力与勇气面前的矮子。而当你真正迎着困难而上时，它反而“落荒而逃”了！因此，当你发现自己总是在回避你害怕做的事时，不妨问问自己：“如果我直接去试，最坏的结果会是怎样？”然后你会发现，那些麻烦与困难有时只是自己吓自己，最坏的结果，绝不会比你想象的更可怕。

不过，为什么我们总是会觉得很多事情很“难”呢?

或许就在于，我们习惯以一种固有思维思考问题，结果往往是把问题复杂化了。英国一家报纸曾经举办了一场非常有意思的智力竞赛，竞赛的题目是这样的：有三个对人类做出过巨大贡献的名人，他们分别是医学博士、著名化学家和举世瞩目的核物理学家。有一天，这三人搭乘同一个热气球。热气球在半空中突遇风暴，残酷的现实是，只有把其中一人推下去，才能确保另外两人的安全。问题是，究竟谁应该被推下热气球呢?

在比赛的题目公布以后，该报社收到了数以十万计的答案，都用长篇大论来证明三个人对人类贡献的大小。然而，最后获得大奖的却是一个12岁的小孩，她的答案非常简单，只有一句话：“把最胖的那个人推下去。”

也就是说最简单、最直白的方式，也往往是最有效的。明白了这个道理，在遇到困难的时候，就不要再一味的沮丧懊恼，不要因为“难”而退却，学着换一种方式思考吧。改变思维方式，改变行为方式，或许事情就会变得简单起来，也就能成功地得到解决了。

困境触底，也正是重建希望的开始

在生活中，有时我们会感觉自己实在是无路可走，感到世界之大，竟然没有自己的一片容身之地。这看似可怕，但其实未必是件坏事。因为许多时候，只有当一个人跌到了人生的谷底，远离了欲望喧嚣，才能彻底看清自己，知道自己要走什么路。而一个人知道了自己要走什么路的时候，他就更加容易成功。顺境让人安逸，逆境使人锻炼，而绝境使人重生。释迦牟尼、穆罕默德、林肯等伟人，无一不是在看似无路可走的绝境中重新找到了实现自我价值的路。

哈利·波特的“母亲”——J.K.罗琳，用她自己在哈佛大学的毕业典礼上致辞时的一句话来说，就是：“我生命中的困境触底，也正是我重建生活的坚实基础。”

这是一个灰姑娘的童话。但从灵感实现到一朝成名，罗琳其实经历了整整7 年的破茧化蝶过程。

1990年6月，罗琳在搭火车前往伦敦的路上，脑海中突然冒出哈利·波特的形象：一个11岁的小男孩，一副圆眼镜后面是一双绿色的眼睛，头上顶着凌乱的黑发。那天晚上，乔安妮开始在一个小本子上写起来。

可遗憾的是，同年年底，重病缠身的母亲去世了，不久后，她的公寓又遭抢劫，母亲留给她的所有纪念品都被一扫而空，年仅25岁的罗琳深受打击。更加雪上加霜的是，她与男友的感情也走到了尽头。但是，罗琳却并没有自闭在丧母和失恋之痛中，她离开英国，带着已开头的《哈利·波特》手稿去了葡萄牙，当起了英语老师。在授课之余，她又开始在咖啡馆里写作，再到学校中把稿子打印出来。

1992年，罗琳成为阿兰蒂斯太太，并在1993 年8月生下女儿杰西卡。可遗憾的是，她的婚姻生活并不幸福——阿兰蒂斯是个虐待狂！1993年11月，夫妻俩在爆发最激烈的一次争吵后，罗琳愤然离开了他们在波尔图的家。她带着女儿返回英国后，成了一个失业的单身母亲，不得不寄居在妹妹的小公寓里。而此时的罗琳也没有自暴自弃，她找到心理咨询师，接受了认知行为疗法，并从那段艰难的时光中走了出来。她想出了一个让自己脱离困境的计划：找一份执教工作。政府的救济资助使她和女儿有了一个容身之处，尽管领取政府救济的过程让她感到羞辱。

1994年夏天，罗琳的妹夫买下了一家咖啡馆，她重新开始在咖啡馆写作，只是这时多了一个女儿。她常常只买很少的食物或饮料，把女儿哄睡在婴儿车里后，就在一个安静的角落写作。但同时，罗琳还在一边为了取得教师资格而学习、实习，一边寻找工作。

1995年，《哈利·波特与魔法石》的手稿完成，却没有

钱复印，罗琳不得不在完成作业的间隙用打字机把手稿打了两份。但在随后的投稿过程中，罗琳共遭到12家出版社的退稿。然而，这时的罗琳也没有因受挫而自我怀疑，终于，在1996 年，《哈利·波特与魔法石》被布鲁姆斯伯里出版社慧眼识珠。

也许你会觉得罗琳的成功带着很大的传奇色彩——昨天还是灰头土脸的单亲母亲，今天摇身一变成为畅销书女王。这看起来似乎有很大的偶然性，可是细细想来，这个偶然有着必然性在里面——如果不是她用积极的作为应对数次的不如意，即便她有着惊人的想象力，《哈利·波特》也可能早就流产了。

也就是说，这个世界上从来没有真正的绝境，只有当人自认为毫无希望、知难而退的时候，绝境才成为现实。只要心灵不干涸，就能摆脱迷惘，看到光明的希望。

事实上，在这个世界上，从来就没有什么真正的绝境，或许贫穷、疾病、残缺、失败等都可以把你打入谷底，但是它们却不能把你压在谷底，真正的谷底是自己悲观的、绝望的人生态度。对于脆弱的人来说，掉进一条小河都可能灰心绝望，乌云遮住太阳也可能被当作世界末日，而对于勇者而言，面对壁立千仞，同样满怀尝试的信心，绝境对他不过是一个概念而已。其实，只要用心，哪怕自己真的身在险境，也有绝地反击的可能。

“二战”时，一位美国随军记者在与敌人的激战中跟随部队突围，突围失败后，他跟多数士兵一起被俘，而且将要被集

体枪毙了。

敌军将地点选在一块四周都有围墙的空地上，并让包括记者在内的80个俘虏背对着围墙，就像要拍纪念照一样站着。而敌军士兵则拿着机关枪瞄准着，一声令下，这些战俘就会全部丧生在枪口之下。

这位记者本来就是个精力很强的人，到了这种最后关头，他还是不肯认输，他在心里面高声大喊“我不能死，我一定要逃走！”他冷静地观察了一下周围的地形，发现自己所在的是最后一排，最高的位置，只要稍微用力就能跳过围墙。但是，他又考虑到即使能逃出这一块空地，这一带全在敌军的控制之下，前途如何实在难料。不过，他认为必须要尽全力去碰碰运气，绝不放弃“生存”的意志。于是，他又开始为何时是逃跑的适当时机而思索。他想到，因为这是自己单独行动，如果逃得太早，一定有追兵追来，马上又被捕。但是，一旦等到机关枪开火之后，要逃也来不及了，只有在敌军即将扣扳机的时候——这才是逃走的良机。

冷静地计划周全之后，他开始屏住气息等待着。那一瞬间来到时，他立刻越过围墙跑掉了。当然，后来是在惊险万状之中逃离了那个地方，捡回了一条命。

对这个记者来说，继续生存的概率原是百分之一都不到的事，能从敌人的枪口下逃脱，他的生存绝非偶然，而是全靠自己一股从不绝望的信念。而且，我们有理由相信，这样一次生死经历，让他在此后的人生中继续保持一种“无所畏惧”的态度就变得极其自然了。因为在他的心中，从不去想“是不是命该如此”这样消极的念头，或许早就是一个不可动摇的真理了。

命运的关键永远掌握在你自己的手里。只要你敢于在无望中找出希望，敢于在绝境中杀出生路，那么，即使迷失在无边的沙漠中也会尽力寻找绿洲，即使再艰险的路也阻挡不了你寻找光明的脚步。正如一位哲学家所说：“在人生绝望的那一刻，往往是新的希望开始的时候。一切危机的尽头，往往是转机，山穷水尽的地方，往往会柳暗花明。”一个绝境就是一次挑战、一次机遇，如果你不是被吓倒，而是奋力一搏，也许你就会因此而创造超越自我的奇迹。

常常是最后一把钥匙打开了门

我们都知道，水烧到99℃不算开，但只要最后再加1℃，就能突破物理形态的临界线，从液态变为气态，不开的水就变为开水。

其实，成功和烧水是一个道理。人在达成目标前80%的时间和努力，往往只能获得20%的成果，80%的成果在后20%的时间和努力中获得。如果你因久久不能见到明显的成果，于是失去信心而放弃，你就永远没有成功的可能。但只要有足够的耐心，不放弃最后20%的努力，就会有长足的进步。

一个农场主在巡视谷仓时不慎将一只名贵的金表遗失在谷仓里，他遍寻不获，便在农场门口贴了一张告示，要人们帮忙，悬赏100美元。

人们面对重赏的诱惑，无不卖力地四处翻找，无奈谷仓内谷粒成山，还有成捆成捆的稻草，要想在其中找寻一块金表如同大海捞针。

人们忙到太阳下山仍没有找到金表，他们不是抱怨金表太小，就是抱怨谷仓太大、稻草太多，他们一个个放弃了100美元的诱惑。只有一个穿破衣的小孩在众人离开之后仍不死心，努力寻找，他已整整一天没吃饭，希望在天黑之前找到金表，解决一家人的吃饭问题。

天越来越黑，小孩在谷仓内坚持寻找，突然他发现一切喧闹静下来后有一个奇特的声音“滴答”“滴答”不停地响着。小孩顿时停止寻找。谷仓内更加安静，滴答声响十分清晰。小孩循声找到了金表，最终得到了100美元。

成功有时就如同谷仓内的金表，早已存在于我们周围，散布于人生的每个角落，只要执着地去寻找，专注而冷静地思考，我们就会听到那清晰的滴答声。

然而，令人感到遗憾和悲哀的是，绝大多数人在最后时刻选择了放弃。美国华盛顿山的一块岩石上，立下了一个标牌，告诉后来的登山者，那里曾经是一个女登山者躺下死去的地方。她当时正在寻觅的庇护所“登山小屋”只距她100步而已，如果她能多撑100步，她就能活下去。难怪有人会说：“百分之九十的失败者其实不是被打败，而是自己放弃了成功的希望。”所以说，做任何一件事，都不要轻易放弃，出现挫折时，你要反复告诉自己：把这件事坚持做下去，成功永远属于坚持到最后的人。

坚持，其实是对毅力和勇气的极大考验。想想我们做过的事，你就会发现，无论做什么事，都要经历一个过程，而且越是重大的事，经历的过程就越长。从事情的开始，到事情的终了，然后又是一个开始，又是一个终了。在这一个个过程中，会有开始时的期望和喜悦，接着会有很多困难和挫折，然后更多的时候可能是你一再努力，但却无法看到成功的曙光。这时候正是“胜利女神”考验你的时候，就看你有没有毅力坚持，有没有勇气战胜困难。如果你能继续坚持到最后，坚持自己的梦想毫不动摇，让自己脑子中的成功意识继续发挥吸引力，并勤奋努力，那么毫无疑问成功将属于你。

开学第一天，古希腊大哲学家苏格拉底对学生说：“今天咱们只学一件最简单、最容易的事儿。每人把胳膊尽量往前甩，然后再尽量往后甩。”说着，苏格拉底示范了一遍：“从今天开始，每天做300下，大家能做到吗？”

同学们都笑了。这么简单的事，有什么做不到的呢？

过了一个月，苏格拉底问同学们：“每天甩手300下，哪些同学坚持了？”有百分之九十的同学骄傲地举起了手。又过了一个月苏格拉底又问，这回，坚持下来的学生只剩下八成。一年以后，苏格拉底再一次问同学们：“请大家告诉我，最简单的甩手运动，还有哪几位同学坚持了？”这时，整个教室里，只有一个人举起手。这个学生就是后来成为古希腊另外一位大哲学家的柏拉图。

现实生活也是这样，许多人做事最初也都能保持旺盛的斗志，在这个阶段普通人与杰出的人是没有多大差别的，然而，往往到最后那一刻，懈怠者与顽强者便各自会显示出来。前者被前进路上的迷雾遮住了眼睛，他们不懂或者忘了再忍耐一下，再跨前一步，就会豁然开朗。结果在胜利即将到来之前那一刻，放弃了希望，停住了脚步，失去了自己应有的成功。而后者希望之火不灭，能咬紧牙关坚持并付出巨大的努力，往往就会看到“柳暗花明又一村”。

可以说，在走向成功的路上，没有任何东西能代替毅力。热情不能，有一时热情的人往往在最后一步退缩，这已屡见不鲜；聪明也代替不了毅力，因为世上失败的聪明人太多了。而毅力却可以让你的力量随着时间的推移而强大以至无可抵抗。这也就是为什么很多资质平平，看上去并不那么聪明的人最后却成为成功者的原因。道理很简单：那些看似愚钝的人有一种顽强的毅力，一种在任何情况下都坚若磐石的决心，他们很少受周围环境的诱惑，也不偏离自己最初的成长轨道。能够把一件事坚持做下去，就是所有成功者共同拥有的积极心态。

总之，你要记住：任何成绩的取得，事业的成功，都源于人们不懈的努力和执着的探索追求；浅尝辄止，一曝十寒，朝三暮四，心猿意马，只能望着成功的彼岸慨叹，只能收获两手空空。所以，无论何时，我们都应该信心百倍地去全力争取人生的幸福和成功，并永远激励自己：离成功我只有一小步，只要再多一分钟的坚持！